スモールステップで学ぶソーシャルワーク実習

――テキスト&ワークブック――

編
篠原拓也，松本喜一

著
篠原拓也，松本喜一，大橋雅啓，芳賀恭司，前田佳宏，西野勇人

星和書店

本文デザイン：林利香

はじめに

本書はソーシャルワーカーを目指す学生が実習に臨むうえで必要なことについて学習するためのテキストです。主に社会福祉士と精神保健福祉士を対象とし、2021（令和3）年度以降に導入される新しいカリキュラム（新カリキュラム）にも対応しています。ただし、このテキストは、社会福祉士と精神保健福祉士に限らず、相談援助に関係する介護や保育の領域の方でも多くの部分（章）が活用できるようになっています。

この「はじめに」では、本テキストのコンセプトを教員側にも適切に伝えるために難しい表現も含まれていますが、学生が使う本文（本編）は、類書のテキストよりも簡単な文章で書くようにしました。

本テキストの特徴は、極めて基本的な事柄、特に実習そのものの意味や、実習生としての基本的な態度を重視していることです。

既存のいくつかのテキストでは、情報量を充実させ、高度に専門的な内容をもたせた分、難しい表現を多く含み、学生に伝えるべき重要な内容が拡散しがちです。もっと教育現場に即した本が必要であると筆者らは考え、この本を作りました。社会福祉分野の専門職の養成校は全国に多数あります。その中には、必ずしも受験競争の荒波にうまく乗ってきた学生ばかりではなく、さまざまな事情を抱えながらも、利他の精神から社会福祉の道に進もうという学生が少なくありません。養成校としては、どのような道具を使うかも含めて、実際の教育現場の声に応答すべきだと考えています。

本テキストはワークブックも兼ねており、学生が書き込みながら、スモールステップで実習指導の全課程をカバーすることを目指しました。そこで、本テキストは1年半の実習指導期間を想定して、全45章（全45回）という細かい章立てにしています。実習が終わる頃には、実習メンバー全員で大切なことを共有しながらも、実習生オリジナルの一冊に仕上がっているはずです。

ソーシャルワーク実習についての近年の重要な考え方が「実習スーパービジョン」です。実習生ひとりで何かを調べたり考えたりして習得するというより、スーパーバイザーとスーパーバイジーの血の通った人間関係の中で教育的、支持的、管理的な機能が果たされるのです。そこで伝達される専門的な知識・技術・価値は、ソーシャルワークの歴史を築いてきた人々から受け継がれたものです。実習生は現場で働く先輩ソーシャルワーカーだけでなく、現場のさまざまなスタッフや、現場が関わる地域社会、養成校の教職員、応援してくれるさまざまな人々のお世話になります。

したがって実習生というのは、たとえ学費や実習費用を払っているからといっても、決して個人主義ではありえませんし、お客様ではありえません。養成校についていえば、実習生は、先輩や教職員の積み上げてきた信用の遺産を用いて実習に行くのです。実習生もまたその遺産を後輩世代に継承していくことになります。

実習生の中には、「資格を取っておきたい」とか、「一つの教養として自分の学びになる」という思いで実習に臨む人もいるでしょう。もちろん、学生が良い経験や資源を得ることは教育機関として大変に望ましいことです。ただ、このとき学生の身体に養成校や現場、そして先輩方から贈与されたという感覚が芽生えていることが大切です。そしてそこから、立派なソーシャルワーカーとなって、さまざまなニーズをもつ人々を支援し、世の中や次の世代に返礼するという責任の感覚が芽生えることで、ソーシャルワーク実習はいっそう意味のあるものになるのです。

以上の考えから、本テキストは、高度に専門的な知識よりも、実習そのものの意味づけや、態度の部分を重視しています。多くの文章を読んで知識を充実させるための学習にはならないかもしれませんが、実習生が将来的に自立した専門職として、自由に自己の生き方を考え、キャリアを形成していくための基礎を与えるためのテキストを目指しました。

本テキストの執筆者のほとんどはソーシャルワークの現場経験者です。養成校に身を置きながらも、実習を受け入れる側の視点ももって、実習生諸君に大切なことをお伝えできればと思います。

篠原拓也

登場動物紹介

現場の実習指導者や養成校の実習担当教員っぽいことを言うが、どちらでもない。ソーシャルワーク実習特有の匂いを嗅ぎつけてくる、ただのたぬき。

この夏、実習に行く予定の学生。あまりソーシャルワークに興味がなく、なんとなくの理由で専門職の養成校に入学してしまった。

実習指導者でも実習担当教員でもないが、ソーシャルワーク実習特有の匂いを嗅ぎつけてきてワークを出してくる、ただのうさぎ。

「とら」つながりで、「虎の巻」と呼ぶ解説ページにひょっこり現れる、ただのとら。

イラスト：こめつぶさんたろう

目　次

主な図表一覧

第1章

実習の目的

この章では実習の目的について理解します。そのうえで、ソーシャルワーカー見習いとしての実習生の立場について確認しましょう。

1 講義と演習を実践に活かす学習

「ソーシャルワーク実習」も養成校の授業の一つです。社会福祉学（ソーシャルワーク含む）は、人間が人間らしくこの社会のなかで生きていくために、どのような制度や援助が必要であるかを考える学問です。これは実践と結びついた学問です。実習では、これまでの学校（養成校）の講義（いわゆる座学）や演習だけでは学べなかったことを、現場で、利用者と同じ時間と空間を過ごして、実践的に学びます。

以下の図のように、講義、演習、実習の統合を意識しましょう。講義でソーシャルワーカーとしての基礎的な知識や価値を学び、演習でそれを技術として活かし、実習でこれまでに学んだ知識・技術・価値を統合し、実践に応用しましょう。

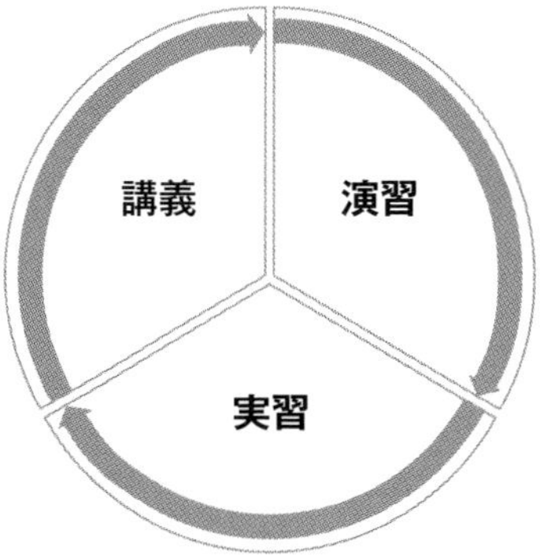

2 ソーシャルワーカー見習いとしての経験

実習はこれまでの講義や演習とは異なります。それに加えて、実習は、観察が中心の「見学実習」や、一緒にやってみるだけの「体験学習」とも異なり、既にソーシャルワーカーの一員としての知識・技術・価値に基づく行動が求められます。実習生の立場は、学生でもありますが、プレ・ソーシャルワーカー（ソーシャルワーカー見習い）でもあります。言うなれば、実習は今後、社会福祉の業界で生きていくうえでの自分の実力や適性を試す機会でもあります。

実習期間中にさまざまな経験をし、実習担当教員や実習指導者からスーパービジョンを受けることで、自分自身について新たな発見ができるでしょう。それは実習の経験によって自己覚知を進めることにつながります。また、実習後の学習のほか、社会福祉の就職を考えるために必要な経験値にもなるでしょう。それは、自分が将来ソーシャルワーカーとして働くための適正な能力を養うことにつながります。

3 実習生としての意識をもつ

実習に臨む学生は、事前にしっかりと準備をすることが必要です。実習は限られた場所と期間での経験です。目的意識をもち、計画を立て、効果的に進めることが求められますし、悔いの残らないようにしたいものです。

そのためにソーシャルワーク実習指導の授業は必ず真剣に取り組みましょう。

ソーシャルワーク実習指導の授業について、授業に出て課題を提出すること以外でしていること、これからすることを書いてください。

やる気、元気、たぬきだけでは実習は達成できない。
高い意識をもって計画的に学習することが必要なのだ。

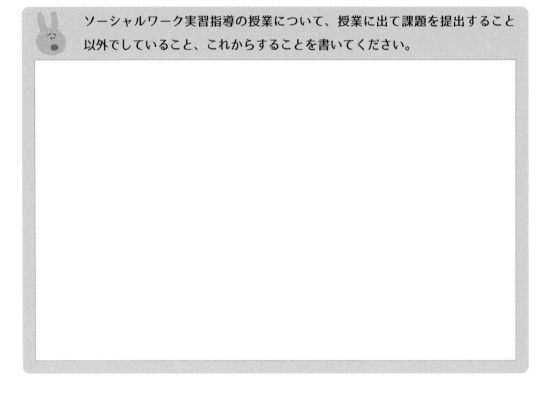

第2章 ソーシャルワーカーと社会福祉士／精神保健福祉士

この章では、ソーシャルワーカーという概念と社会福祉士という概念の違いを理解し、そのうえで、ソーシャルワーカーとしての社会福祉士を目指す重要性について説明します。

1 ソーシャルワーカーとは

ソーシャルワーカーの国際団体であるIFSW（国際ソーシャルワーカー連盟；International Federation of Social Workers、略称はIFSW）によるグローバル定義が以下です。

> ソーシャルワークは、社会変革と社会開発、社会的結束、および人々のエンパワメントと解放を促進する、実践に基づいた専門職であり学問である。社会正義、人権、集団的責任、および多様性尊重の諸原理は、ソーシャルワークの中核をなす。ソーシャルワークの理論、社会科学、人文学、および地域・民族固有の知を基盤として、ソーシャルワークは、生活課題に取り組みウェルビーイングを高めるよう、人々やさまざまな構造に働きかける。この定義は、各国および世界の各地域で展開してもよい。

あらゆるソーシャルワーカーは、人間の尊厳を守り、ウェルビーイングを追求するための仕事をする点では共通しています。しかし世界に目を向けると、行政機関や施設だけでなく独立開業してカウンセリングを中心に行う人も多いアメリカや、政府や地方公共団体の公務員が中心のアジア諸国、社会福祉だけでなく青少年健全育成なども重視する欧州諸国、貧困や保健衛生の問題など生活環境の改善を中心に行うアフリカ諸国など、ソーシャルワーカーといってもさまざまです。ソーシャルワークは国の歴史、政治、社会の状況によって異なり、独自に展開されています。

ソーシャルワークは歴史的に、貧困や疾病（しっぺい）、差別といった社会的不利益を被っている人々の、人間の尊厳を守る実践で、社会の不公正の問題に対する社会正義の活動です。ソーシャルワークとは、人間の尊厳という価値をめぐる実践であり、既存の制度やサービスの枠内にしばられず、個別支援（ミクロ）から集団支援（メゾ）、そして自治体や政府の政策（マクロ）へと働きかける機能をもっています。ソーシャルワークのそのような社会開発の機能は世界共通です。

2 日本のソーシャルワーカー

日本でも「ソーシャルワーカー」とはひとまずIFSWのグローバル定義に基づいて理解されます。つまり、グローバル定義にあるような「ソーシャルワークをする人」がソーシャルワーカーです。「ソーシャルワーカー」という資格はありません。ただし、日本の場合は「社会福祉士」と「精神保健福祉士」という国家資格があります。これらがソーシャルワーカーの資格として扱われています。例えば、社会福祉士は英語でCertified Social Worker（サーティファイド・ソーシャルワーカー）といいます。精神保健福祉士は、英語でMental Health Social Worker（メンタル・ヘルス・ソーシャルワーカー）といいます。

もちろん、国家資格がないからといってソーシャルワーカーではないというわけではありません。資格の有無にかかわらず、グローバル定義に当てはまる活動を行っている人は、ソーシャルワーカーといってよいでしょう。また、社会福祉を勉強せずに役所の水道局に就職したあと、人事異動でソーシャルワークの仕事を任されることになった人でも、ソーシャルワーカーという扱いになります。また、社会福祉主事という資格をもつ人がソーシャルワークの仕事を任された場合も、ソーシャルワーカーという扱いになります。

■社会福祉主事

社会福祉主事とは任用資格で、大学や短期大学で厚生労働大臣が指定する科目のうち３つ以上を履修して卒業することで得られます。任用資格というのは、福祉事務所の職員など、特定の仕事を任されるときに必要となる資格です。

■社会福祉士

社会福祉士の業務は、「専門的知識及び技術をもつて*……（略）……日常生活を営むのに支障がある者の福祉に関する相談に応じ、助言、指導、福祉サービスを提供する者又は……（略）……その他の関係者……（略）……との連絡及び調整その他の援助を行うこと」（社会福祉士及び介護福祉士法第２条）です。つまり「相談援助」を主に行う専門職です。

社会福祉士は名称独占の資格です。名称独占とは、その資格をもつ人しか名乗ってはいけないということです。これに対して業務独占の資格というのは、医師のように、その資格をもつ人しかその業務をしてはならないということです。社会福祉士は名称独占であって、業務独占ではありません。つまり、社会福祉士の資格がなくても、職場に雇用され、任せてもらえればその業務はできますし、「ソーシャルワーカー」と名乗ることもできます。ただし「社会福祉士」と名乗ることはできません。

＊かなづかいは原文ママ。「もって」。

■精神保健福祉士

精神保健福祉士も同様に国家資格です。精神保健福祉士の業務は「精神障害者の保健及び福祉に関する専門的知識及び技術をもって、精神科病院その他の医療施設において精神障害の医療を受け、又は精神障害者の社会復帰の促進を図ることを目的とする施設を利用している者の地域相談支援……（略）……その他の社会復帰に関する相談に応じ、助言、指導、日常生活への適応のために必要な訓練その他の援助を行う」ことです（精神保健福祉士法第2条）。

精神保健福祉士も名称独占で、相談支援業務を主に行います。

3 求められるジェネラリスト・ソーシャルワーカー

近年はジェネラリスト・ソーシャルワーカーを養成することが推奨されています。ジェネラリスト・ソーシャルワーカーとは、人と環境の交互作用に着目し、個人のパーソナリティの問題（葛藤、病、不適切な反応）から社会環境の問題（社会資源の不足、不適切な資源提供、不適切な政策）まで幅広く理解し、介入できるソーシャルワーカーです。また「高齢者分野しかできません」「医療分野しかできません」というのではなく、また「グループワークしかできません」「コミュニティワークしかできません」というのでもなく、幅広くソーシャルワークの理論と方法を活用できるのがジェネラリストです。要するに、どの現場に行っても活躍できる能力を備えたソーシャルワーカーということです。

「社会福祉士」や「精神保健福祉士」というのは、あくまで相談援助という枠組みの中で業務にあたるものです。しかし「ソーシャルワーカー」としては、相談援助の枠組みを超えて広く捉えて、またグローバル定義に立ち返って活動する必要があります。

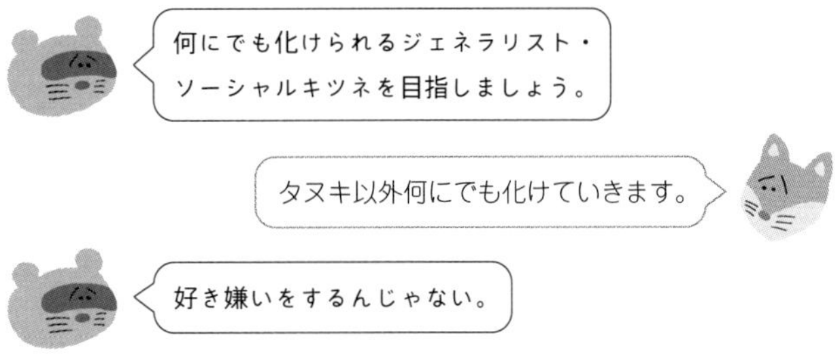

何にでも化けられるジェネラリスト・ソーシャルキツネを目指しましょう。
タヌキ以外何にでも化けていきます。
好き嫌いをするんじゃない。

4 国家資格の意味

社会福祉士や精神保健福祉士が名称独占で、無資格でも雇われさえすれば現場で働けることから「資格を取っても意味がない」とか「結局、食えない資格」といった意見もあるかもしれません。確かに資格を取っても必ず就職できるわけでも、必ず高額の給与が保障されるわけでもありません。転職する際にも実務経験は関係しても、資格の有無は関係ないと考える人もいるでしょう。

しかしながら、同じような実務経験や人柄の人たちが職場の採用試験に応募した場合、職場は国家資格をもっている人のほうを信頼し、有利に扱う可能性があります。また、有資格者を雇うと職場に補助金が加算される場合もあり、それも有利に扱う理由となりえます。資格は、いわば立派な専門職になるための潜在能力の保証でもあり、国家資格の場合は国がそれを認めたことになります。また、有資格者はジェネラリスト・ソーシャルワーカーになるための教育を受け、その能力が保証されているといえるでしょう。

ただし、資格取得後も油断して怠けてはいけません。「社会福祉士及び介護福祉士法」第47条の2では「資質向上」の責務として「知識及び技能の向上に努めなければならない」と規定されています。有資格者として働き続ける限りは、一生、専門職としての勉強を続けなければなりません。また社会福祉士や精神保健福祉士などの国家資格をもつと、日本社会福祉士会や日本精神保健福祉士協会などの職能団体に加入することができ、専門性を深めていくことができます。

「ソーシャルワーカーと社会福祉士」、あるいは
「ソーシャルワーカーと精神保健福祉士」の違いは何ですか。

ちなみに、たぬき業界も、化ける修行を積めば、たぬきの総大将や人間から正一位、正二位といった神位が与えられる。しかし国家資格はない。学生諸君も資格のありがたみを感じてほしい。

第3章

ソーシャルワーカーの価値と倫理

専門職の条件は、専門的で体系的な知識と、専門的な技術、さらに規範としての価値や倫理を備えていることです。社会福祉士および精神保健福祉士に求められる倫理について、職能団体の倫理綱領と、さらに実習の場面で求められる倫理的態度や行動、知識や技術について学びます。

前章で確認したIFSW（国際ソーシャルワーカー連盟）のグローバル定義にあるように、ソーシャルワークにはいくつかの重要な価値があります。それと関連して、日本の社会福祉士・精神保健福祉士もいくつかの重要な価値を求められています。「価値」とは、それ自体を追求すべき、尊い目的です。芸術家であれば美という価値を、科学者であれば真理という価値を求めるでしょう。ソーシャルワーカーもまた自らの信じる価値に基づいて行動原理を定めて、活動しています。

日本社会福祉士会の倫理綱領*に示された次の原理が、
実習ではどのような配慮や行動につながるでしょうか。

原理	実習においてどのような配慮や行動に結びつくか
人間の尊厳	
人権	
社会正義	
集団的責任	
多様性の尊重	
全人的存在	

＊「付録3　社会福祉士の倫理綱領」参照。

日本精神保健福祉士協会の倫理綱領*のほうでは、
まずもってクライエントへの関わりに着目した倫理原則が示されています。

原理	実習においてどのような配慮や行動に結びつくか
クライエントへの関わり	
自己決定の尊重	
プライバシーと秘密保持	
クライエントの批判に対する責務	
一般的責務	

＊「付録４　精神保健福祉士の倫理綱領」参照。

難しい言葉が並びますが、社会福祉士・精神保健福祉士は専門職としてこれらの価値や倫理に基づいて実践を行う専門職です。実習生もこれらを理解したうえで実習に行く必要があります。

このほかにも、社会福祉士や精神保健福祉士の倫理綱領には細かな行動規範があります。倫理綱領をしっかり読んでおくほか、他の科目で復習をしておきましょう（「ソーシャルワークの基盤と専門職」など）。

実際のところ、倫理綱領を読んで理解していても実習現場でスムーズに活用できるとは限りません。例えば、精神保健福祉士の倫理綱領のうち「倫理原則」には、「精神保健福祉士は、不当な金品の授受に関与してはならない。また、クライエントの人格を傷つける行為をしてはならない」とあります。しかし「どこからが不当な金品の授受なのか」、「断ったほうが相手は人格を傷つけられたと感じるのでは」というジレンマに陥るかもしれません。こうしたジレンマを感じられることもまた誠実な支援をしようという一つの証です。望ましい対応については、あらかじめ養成校の立場を確認し、また実習指導者の指示に従って判断し、考えを深めていきましょう。

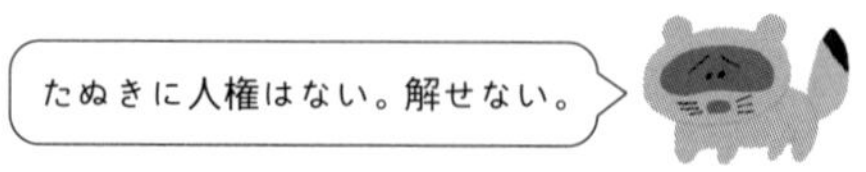

第4章 情報管理（電子記録、SNS、LINEなどの通信アプリ）

この章では、実習中の情報管理について説明します。この章の内容は学生が戸惑いやすいところですので、しっかりと確認しておきましょう。特にSNSをめぐるトラブルは、実習生のみでなく、実習先に多大な負担をかけ、養成校としての問題に発展することもありえます。

第3章　ソーシャルワーカーの価値と倫理も復習しながら、情報管理を意識して実習に臨みましょう。

1 実習におけるプライバシーの保護

実習における個人情報に関する用語❶～❸と、注意すべきことを以下で確認しましょう。

❶個人情報

個人情報とは、生存する個人に関する情報であって、氏名、生年月日、その他の記述（図画やデジタル記録など）により、特定の個人を識別することができるものを指します。なお、実習先の機関・施設が保有する死亡者の情報は、個人情報と同等の管理を必要とします。

❷要配慮個人情報

本人の人種、信条、社会的身分、病歴、犯罪の経歴、犯罪により害を被った事実などを指し、そのほか本人に対する不当な差別、偏見その他の不利益が生じないように、特に取り扱いに配慮を要する個人情報です。

❸センシティブな情報

センシティブ（機微）な情報とは、例えば労働組合への加入、本籍地や出生地、保健や医療、性生活、離婚歴などの情報です。他者に知られると人権侵害につながるおそれがありますので、不必要に取得したり、利用したり、第三者に知らせたりすることはやめましょう。

また、以上の情報を守るため、外部に公開したり提出したりする可能性のある書類を作るときには、人物が想定されないように、イニシャル表記ではなく、Aさん、Bさん、Cさんとするなど、登場順にアルファベット表記をするようにします。

また、実習生自身の情報も個人情報です。養成校や実習先もできる限り実習生の個人情報を守ります。実習生本人も実習前に個人票を実習先に提供します。したがって、実習生は、実習先に知られたくなかったり、配慮してもらいたいと思う事情がある場合は、実習担当教員と事前に確認しておきましょう。

2 電子記録

現場に行く際に注意が必要なのは、スマートフォンやPC（パソコン）に残すメモや、画像や音声などの電子記録です。

特にスマートフォンに関係することはトラブルのもとになりやすいので気をつけてください。スマートフォンが個人のみで所有するものであることや、世代的に親や教師の指導が行き届いていないこともあって、社会常識の範囲からズレてしまっている学生もいます。

例えば、教員とのやりとりや、実習先でのやりとり、また実習先の現場風景などを無断で撮影したり録音したりするのは論外です。「悪用するつもりはないし、そのくらい、いいじゃないか」などと思うかもしれませんが、これの何が問題なのか分からない学生は深刻な状況にありますので、しっかりと実習担当教員の指導を受けてください。

また、実習中のメモを紙とペンではなく、スマートフォンでとろうとする学生もいるかもしれません。その学生がどういうつもりであっても、いきなりスマートフォンを出すのは、無関心でやる気がないと解釈されると考えてください。どうしても必要なら、その都度きちんと説明し、スマートフォンでメモをとる許可を得ましょう。もちろん、一度誰かに許可をとったからといって、別の場面や、別の職員の前でいきなりスマートフォンを取り出してはいけません。他者の視点を想像し、その都度、丁寧に確認をとりましょう。

実習報告会の資料として電子記録をとったり使用したりする場合は、現場の担当者に、撮影の許可なのか、使用の許可なのか、どのような目的で使用するのか、どのような仕方で使用するのかについて説明し、許可をとって行いましょう。

3 SNS

■SNSに絶対に書いてはいけないこと

どのような場合であれ、実習先の守秘義務は必ず守らなくてはいけません。個人情報をはじめとしたプライバシーに関わる事柄や、業務上知り得た秘密は、あなたの家族にも話してはいけないものです。そんな情報をSNSに書き込むなど論外です。守秘義務違反があれば、実習生本人の実習停止はもちろんのこと、同級生や後輩の実習予定がキャンセルとなる可能性もあります。違反した学生には退学処分が下る可能性さえあります。

守秘義務の対象範囲を甘く見てはいけません。SNSというのは個人を特定できるヒントが散らばっているもので、たとえ名前を伏せていても、誰の話が書かれているのかは案外簡単に特定されてしまいます。「実習先でこんなことがあった」「実習先にこんな人がいた」「この事業所へ実習に行く」といった話題は、絶対にSNSに書き込んではいけません。

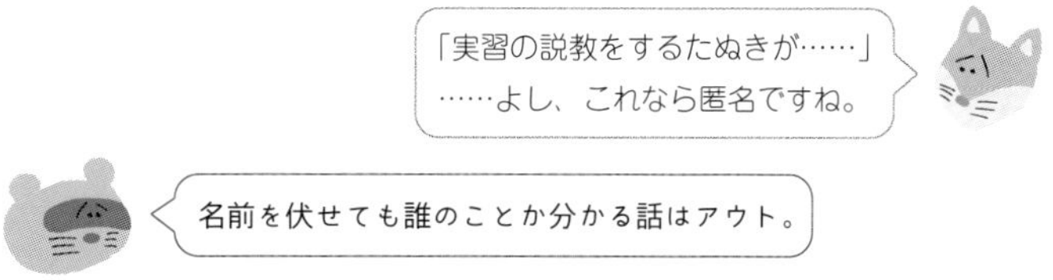

「実習の説教をするたぬきが……」……よし、これなら匿名ですね。
名前を伏せても誰のことか分かる話はアウト。

■匿名だろうが「鍵付き」だろうが、SNSは公共の場

匿名アカウントだろうが、公開範囲を限定していようが、SNSは公共の場です。最初は目にする人が少なかったとしても、インターネットに一度書き込まれたことは、どこまでも拡散される可能性があります。また、あなたはSNSで友人の書き込みを見るとき、「このアカウントは鍵付きだからこの話は周囲に黙っておこう」「このアカウントは公開だから、話していいんだな」と区別するでしょうか。読み手からすれば、目にした書き込みは全世界に向けた発言と同じです。匿名アカウントでも「鍵付き」アカウントでも、SNSで発言してよいのは、公共の場で発言してよい話題だけです。

■SNSへ書き込むことそのものが実習先に不信感を与える

たとえ公共の場で発言しても問題ない情報であっても、実習に関する話題はSNSで一切発言しないようにしましょう。そもそも実習先からすれば、実習生というのは一時的に内部に入っている見習いです。実習先からそれほど信頼を得られてもいません。実習先からすれば、そのような実習生が自分たちについてあれこれネットで発言しているらしい、というだけで不信の種になりえます。実習前に、SNSの使用については養成校側の方針とルールを細かく確認し、従ってください。

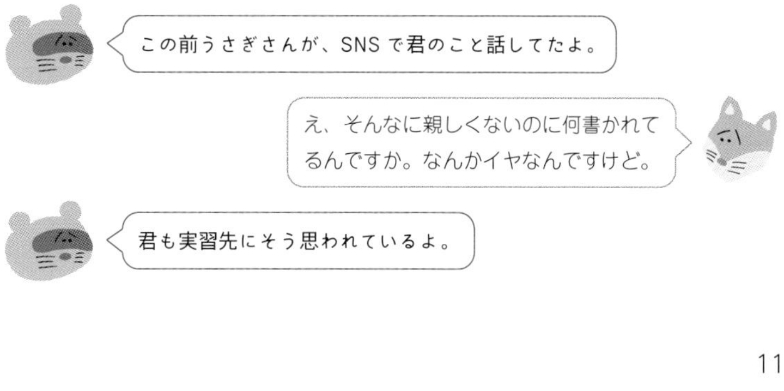

この前うさぎさんが、SNSで君のこと話してたよ。
え、そんなに親しくないのに何書かれてるんですか。なんかイヤなんですけど。
君も実習先にそう思われているよ。

4 LINEやこれに類する通信アプリ

実習に関して、LINEやこれに類似する通信アプリを使用した教員とのやりとりや実習生同士でのやりとりには注意が必要です。もちろん、実習中はさまざまな困難もあるでしょうし、孤独を感じるときもあるでしょう。実習を乗り切るよう、他者と連絡をとりあって、慰め、支え合うことも大切です。

ただ、これらの通信アプリは、便利でお手軽であるがゆえに、つい、実習に関するグループの外部（親族や友人など）に、不適切な情報発信をしてしまう可能性があります。また、人間関係もお手軽にとらえて公私混同をしやすく、先輩や教員に失礼な態度になりやすいものです。

使用する場合は、実習担当教員や他の実習生とある程度のルールを確認しておく必要があります。

SNSやLINE、その他通信アプリの使用についての、「養成校の方針とルール」を確認し、記入してください。

たぬきの世界にはプライバシーの権利もなければ専門職倫理もないが、人間の世界にはある。
思い込みで「これは大丈夫のはず」といって他者の尊厳や権利を脅かさないようにしてほしい。

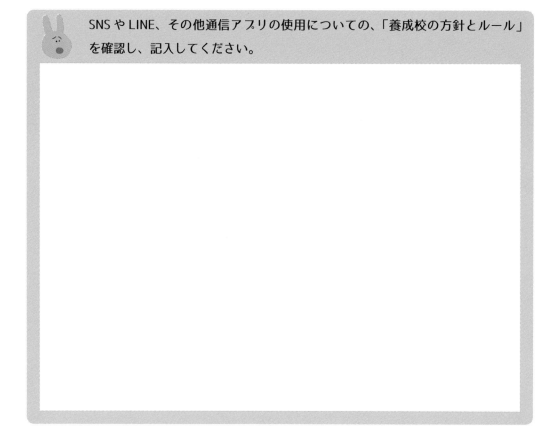

第5章 実習に関するマナー①
挨拶／言葉づかい／服装

実習生はソーシャルワーカー見習い（プレ・ソーシャルワーカー）として、専門的な実践を目指さないといけません。しかしそれ以前に、当然のことながら、そもそも成人としてのマナーを守らなければなりません。

実習先での挨拶、敬語、丁寧な電話での応対、身だしなみ、無遅刻無欠席、5分前集合、細やかな配慮など、マナーを守る必要があります。遅刻をしそうになったときは、なるべく早く電話連絡を入れましょう。分からないことは実習指導者に聞き、あとで自分でも調べましょう。

1 挨拶

挨拶は基本です。実習担当者や利用者のような深く関わる人とだけ挨拶をしていればいいのではありません。それは自己中心的な考えです。社会福祉の現場はチームプレイで、さまざまな人とのネットワークづくりが重要です。利用者の関係者、来客、近所の方、清掃の方、業者の方にも丁寧に挨拶をしましょう。たとえあなたが「この人は関係ない人だ」と思っていても、それは視野の狭さゆえの感覚で、実は関係しています。また、コミュニケーションが苦手だからといって、不安から逃げていては対人援助の仕事はつとまりません。

手が離せなくて、やむをえず挨拶ができない場合は、目礼といって相手に対して頭を少し下げる場合もあります。しかしコミュニケーションの苦手な学生がこれを多用すると、いっこうに社会性やマナーが向上しないうえ、場合によっては失礼なふるまいだと思われますので、積極的に挨拶をし、人と関わるようにしましょう。

2 言葉づかい

実習先では、利用者に対しては尊敬語、丁寧語、謙譲語を使い分けて話すようにします。

児童や高齢者に対して親しみを込めて「～ちゃん」と呼びかける現場もあるかもしれませんが、実習生の立場としては「～さん」が無難です。特に指示もないのにあだ名で呼ぶことも避けましょう。また、自分よりも年下の職員がいたとしても敬語で話しましょう。実習生は同僚ではなく、あくまでも見習いとしての立場です。教えてもらう側の立場であって、謙虚な姿勢が必要です。

実習指導者や利用者に対しての言葉づかいを改めましょう。

Before（不適切な言葉づかい）	After（適切な言葉づかい）
実習指導者に対して	
これって～ですかね？	
了解しました。	
（～って今日だっけ、と聞かれて） 違います。明日です。	
すいません。	
ご苦労様です。	
あの利用者になんかむかついたんですけど。	
まあ、利用者はみんな年寄りっすからね。	
それだと時間がなくないですか？	
利用者とお話をさせていただかせました。	
成人の利用者に対して	
うんうん、大変だったね。	
今から熱、測るからね。	
もっと食べなきゃだめだよ。	
それについては、主任に伺ってください。	

えっと、あの、利用者様の、ご体調が、
あの、変にたてまつりそうろう……

丁寧に言おうとするのはいいけど、不自然すぎる。

3 服装に関するさまざまな配慮

事前訪問の際に、実習中の服装について確認しておきましょう。華美な色やデザインの服装は避けます。また、ネックレス、イヤリング、ブレスレット、マニキュアなどの装飾品も避け、動きやすく機能的な服装にするのが一般的です。しかし、「いかにも福祉施設っぽい」姿で働くことを避ける現場もあります。現場ごとに、それぞれの文化や雰囲気づくりの努力があるのです。

また、利用者のこだわりやケガのリスク、性的刺激など、現場に応じた服装の配慮が必要ですので、確認しておきましょう。ネームプレート（名札）をつける場合もあれば、つけない場合もありますし、装飾品を外したり、前ボタンがない服装にしたりするなど、さまざまな可能性があります。

たぬきは基本的に全裸だが、人間に化けるときは、
さすがに服くらいは着る。
学生諸君も、人間社会では常にTPOに合わせた
服装にすること。

第6章 実習に関するマナー② 電話／メール

この章では、電話とメールの使用について説明します。この章の内容は学生が戸惑いやすいところですので、しっかりと学習しましょう。マナーといっても、ここで問われているのはあなたが道徳的にどのような人間であるかというより、社会的なスキルを身につけているかどうかです。

電話も、メールも、いかなる通信手段に関しても、今の時代はインターネットでいくらでも規範や例文を調べられる時代です。この章では基本的なことの説明にとどめますが、この機会に、実習のみならず卒業後のためにも詳しく調べ、練習し、身につけておきましょう。

1 電話

ソーシャルワーカーは、対面でのコミュニケーションができることは当然ですが、メールや電話でのコミュニケーションもできなければなりません。LINE などの通信アプリでのやりとりには苦手意識がなくても電話でのやりとりは苦手だという学生もいるでしょう。苦手意識から、事前訪問などの電話を他の人に任せようとする学生もいます。しかしソーシャルワーカーは、日々、電話での連絡・調整の連続です。電話を恐れたまま卒業すると仕事になりませんので、今が向き合うときです。

なお、電話の際には「実習担当者の○○様はいらっしゃいますか」と聞いてつないでもらいますので、実習担当者の名前を覚えておかなければなりません。

電話をかけるときの言葉（例）

もしもし、わたくし○○大学（専門学校）の学生の××××と申します。×月×日より△△△△（事業所の名前）でソーシャルワーク実習の実習生としてお世話になります。□□□□の件でお電話を差し上げました。実習担当者の△△△△様はいらっしゃいますでしょうか。

これはあくまで例なので、適度に縮めたり、必要な情報を入れたりしましょう。例えば、忙しいと思われる時間帯や、一度電話したものの不在でかけなおした場合には、「お忙しいところ申し訳ございません」などの一言を入れつつ、内容は全体的に縮めます。話している途中で相手が「はい、よろしくお願いします」などの言葉を入れてくる場合は、丁寧に「どうぞよろしくお願いいたします」などの応答をしましょう。

電話をした際に実習担当者が不在の場合は、いくつかのパターンに分かれます。

■施設長や他の職員が代わりに応対する場合

実習担当者と同じとみなしてそのまま続けます。

「承知しました。事前訪問の日程調整の件でお電話差し上げました。実習開始2週間ほど前の、平日の9時から17時までの……」

■実習生がかけなおす場合

いつごろに実習担当者と連絡がつくか確認します。「分からない」という返答の場合、頃合いをみてかけなおすことを伝えます。

「承知しました。では17時30分ごろにこちらからお電話致しますので、よろしくお願いします」

■実習担当者からかけなおす場合

相手にかけなおさせることになるので、きちんとお礼を言います。この場合、相手が何時ごろに電話すればよいかを尋ねてくる場合がありますので、あらかじめ実習生は自分の予定を確認しておきましょう。また、かけなおすにあたって、相手があらかじめ実習担当者に用件を伝えておくので、用件を話してほしいと言われる可能性があります。きちんと説明しましょう。

「承知しました。事前訪問の日程調整の件でお電話差し上げた旨を、お伝えいただけますでしょうか」

もちろん、機械的に丸暗記した言葉はすぐに見抜かれます。それでも何の準備もなく電話するよりはよいでしょう。完璧に正しい敬語を使うことを意識しすぎると、棒読みになったり、話し言葉としてはかえって不自然な文になったりするものです。落ち着いて、誠意を伝えることを大切にしましょう。

電話を切るときは、相手が切るのを確認してからあとで切るほうが無難です。同じ実習生同士で練習しておくことをおすすめします。

2 メール

電話と同様、メールを嫌う学生もいます。LINEのようなお手軽なコミュニケーションのほうがいいのは分かりますが、今後、職場でメールを使用することもあるでしょう。

近年の学生にみられる傾向が、緊張感が欠落し、あたかも対等なビジネスパートナーか、友達であるかのような態度で目上の人とやりとりをする態度です。特にひどいのは、何の挨拶も配慮もなしに自分の用件だけを話し言葉で送りつけることです。

まあこんなもんでいいっしょ。
いちおう敬語っぽいし……。

例）あなたがメールを送る場合

〇〇書について
福士狐子 <xxxxxxx@xxxx.com>
6月1日（月）23:00
To 〇〇先生

すみません、確認したいのですが、
これってどう書けばいいんですか？

手を抜いている自覚があるなら改めなさい。

このような学生は実習停止もありうるので気をつけてください。これの何が問題なのか分からない学生はしっかりと実習担当教員の指導を受けてください。

まず、宛名がありません。書くまでもなく明らかと分かっていることでも、目上の人に対しては丁寧に書くものです。また、夜中にメールを送る場合は「夜分遅くに失礼いたします」などの一言くらいはつけるものです。電話の場合も同じで、「お忙しいところ申し訳ありません」くらいは言うものです。返信を繰り返すなかで簡略化していくことはあるでしょうが、はじめは丁寧に書きます。件名も、いかにも手抜きな書き方です。また、全体的に話し言葉を書き言葉に変える必要があります。「すみません」も話し言葉です。たとえ相手が気さくな人であっても、オフィシャルな文章は軽いノリで書かないようにしましょう。「？」もいりません。語法をきちんと守る必要があります。「これって」の「これ」とは何のことか不明瞭で、不親切です。

以上のように、うわべだけ、形だけ語尾を「～です」や「～します」としていれば問題ないと思っている学生もいるでしょうが、実際は問題だらけですので、注意しましょう。

例）あなたがメールを返信する場合（実習指導教員に宛てる場合）

○学部△年の××××と申します：○○書の記入方法に関する質問
福士狐子 <xxxxxxx@xxxx.com>
6月1日（月）23:00
To ○○先生

○○先生

夜分遅くに失礼いたします。
実習指導の授業でいつもお世話になっております。○○学部△年の××××です。
○○書の記入方法について確認させていただきたい点があり、メールを差し上げました。

○○書の……の、……ですが、これは……ということでしょうか。

恐れ入りますが、お手すきのときにご返信いただければ幸いです。
ご検討のほどよろしくお願い申し上げます。

=================
○○学部□□学科△年
××××
090- ○○○○ - ○○○○
○○○○○○○○○ @ ○○○○ .com

メールの書き方、送り方についても、実習担当教員に協力してもらい、練習しておくことをおすすめします。

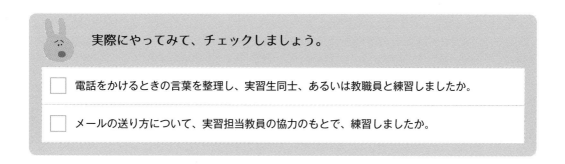

実際にやってみて、チェックしましょう。

- ☐ 電話をかけるときの言葉を整理し、実習生同士、あるいは教職員と練習しましたか。
- ☐ メールの送り方について、実習担当教員の協力のもとで、練習しましたか。

たぬきでさえ人間に化けて目上の人と
話すときには敬語を使う。

第7章

差別意識、権力、認知の歪みを自覚する

この章では、実習生として、そして支援者として、利用者やその家族との関係で気をつけなければならない無自覚な差別意識や権力、認知の歪(ゆが)みを自覚し、対処する重要性について説明します。

1 自分の中の差別意識に向き合う

例えば、普段から他者とコミュニケーションをとることが苦手な学生が、障害者関係の施設や児童関係の施設に実習に行くと見違えるように堂々として利用者と関わっていることがあります。その学生は、その現場に向いているとも考えられますし、実際に働いてみるとそれなりにうまくいくかもしれません。

しかしそのようにポジティブな解釈だけでいいのでしょうか。その学生は、無意識に「自分より弱い立場の障害者だし」といった、みくびった態度があるからこそ、特定の人々にだけ平然とコミュニケーションができている可能性があります。もし「この人たちなら自分の思いどおりにさせられるだろう」という気持ちがあるとしたら、そこには支援者としての権力、場合によっては暴力の種があるのです。差別意識は明確に見下している場合でなくてもつきまといますし、そのようなつもりがなくても言葉に表れてしまうものです。

以下の文（発言）のどこに危うさがあるか、説明してください。

①「作業所では障害者たちが、コミュニケーション能力が低いのに頑張って働いて、えらいと思った」

②「共働きなんだから、お父さんもちゃんと子育てを手伝ってあげないとね」

2 権力を意識する

権力とは、社会が生み出す力であって、他者をコントロール（支配）し、管理する力です。社会福祉の専門職も、さまざまな社会福祉制度と社会的な信用が生み出した「専門職」という立場によって、利用者やその関係者をうまくコントロールし、管理する存在です。権力は必ずしも悪意からではなく、利用者のことを思って善意からコントロールしようとする力でもあります。

専門職などの強い立場の人間が、「あなたのためを思って言うのだから、こうしなさい」と、相手に干渉し、支援し、コントロールすることをパターナリズム（父権主義）といいます。パターナリズム自体が悪いわけではありませんが、行き過ぎないように、自覚しておくことが大切です。

以下の言葉のどこに権力が表れているか、説明してください。

①「たとえ自分のお金でも、そんなものを食べていたら体に悪いから、やめましょう」

②「その子育て方法は間違っているので、この教育プログラムを受けたほうがいいですよ」

③「今日は子どもたち全員をうまく動かすことができず、いい支援ができなかったので反省している」

また、権力は人間が言葉で直接にふるうものではなく、モノにも込められています。例えば、施設内の壁に大きく「風呂は19時から19時45分まで」という貼り紙があったとします。それは、単にその時間に風呂に入りなさいというメッセージだけではなく、「あなたたちにお風呂の時間についての自由は与えていません」「貼り紙を見て自分で自分を規律しなさい」というメッセージでもあります。鍵はどうでしょうか。鍵は権力の象徴のようなもので、「あなたがどこにいるべきかは、私たちが管理します」というメッセージでもあります。それが職員の手中にあるのです。

もちろん、必要だから使っているのであって、それ自体が悪いわけではありません。社会福祉の現場は、仕事上、権力の行使をやめることはできません。しかし、それに開き直り、行き過ぎて、不当に利用者の尊厳や権利を侵害する暴力、つまり「虐待」、「刑務所のような施設」、「ブラック」などと呼ばれる状況をつくってしまってもいけません。

ソーシャルワークの理念にエンパワメントや自立支援があります。それは利用者が主体的で自由に生きていけるように支援するという意味を含みます。また、利用者を含め、私たちには愚行権があります。「体に良くないのにカップラーメンを食べる」とか、「これまで当たったことがないのに競馬に行く」といったことです。一見すると愚かなことに見えても、他者に危害を加えないなら、なるべく尊重するべきなのです。その利用者のためを思ってコントロールすることが、かえって利用者の自由を奪ってしまわないように注意が必要です。現場を外部の目で疑えと言っているのではありません。むしろ実習生は社会福祉の専門職側です。つまり内部にいる人としての目で、自分の専門性を追求するうえでの発見や課題意識を得ることが大切です。

3 認知の歪み

認知の歪みとは、要するに物事の捉え方が偏っていたり極端だったりして、正確でないことです。ある事実に対して勝手な解釈をして、そのせいで気持ちが不安定でネガティブになってしまうのです。これは偏見を伴っていることが少なくありません。実習生としても、自分自身の物事の捉え方の歪みやクセを理解して、修正しながら、適切な支援につなげていく必要があります。

例えば、「朝と昼の２回電話をかけたのに利用者が電話に出なかった。自分は嫌われているに違いない」と言う人がいたとして、あなたはどう思うでしょうか。「100％そのとおり、嫌われている」と思いますか。「朝と昼の電話に出ない」という事実に対して「嫌われている」というのは無理がありますね。

例を参考に、次の言葉のどこに認知の歪みがあるか、説明してください。

例）「児童相談所と関わっているなんて、あの親は児童虐待をしたに違いない」
→児童相談所の業務は虐待への対応だけではない。児童相談所と関わっているだけでそのような認識をするのは無理がある。

①「あの人はとても悪い人だと思う。だからあの人を良い人だと言っている人は嘘つきに違いない」

②「副作用のある薬を使うなんて人権侵害だ」

③「利用者が自宅に引きこもってしまったのは、自分が励まさなかったからだ」

④「彼でもこの商品を製作できたのだから、これくらいのものなら全員が製作できるだろう」

⑤「とっとと退院させないなんて、MSW（医療ソーシャルワーカー；medical social worker）として失格だ」

⑥「あんな一言で彼女が怒ったのは、彼女が精神障害者だからだ」

⑦「この人は今日もゴミの片づけをしなかった。本当に怠け者で、家事は全くできないんだな」

⑧「この施設は男女平等の観点から全ての利用者が一緒にお風呂に入っていると知って、すばらしい取り組みだと思った」

ある事実と、それに対する解釈、湧いた感情を区別して、自分がなぜそのように解釈したのかを論理的に説明できるようになって、おかしいと分かれば改めましょう。

どこかに書き出したり、人に話して助言をもらったりするのもいいでしょう。

4 自己覚知

実習の現場でよりよく学び、そしてよりよい支援者になるために、自己覚知は欠かせません。つまり、ある事柄に対して、自分の認識（このように解釈した）、価値観（これを優先するべき目的だと考えた）、身体感覚（これに腹が立ったり、悲しくなったりした）と向き合い、自覚しておくことです。

あなたが支援者として関わりたくない順に並べてください。順位が同じものはひとまとめにしてください。理由を説明して、他のメンバーと照らし合わせてみましょう。

A）性犯罪で前科３犯だが、刑を終えて出所してきたばかりの挙動不審な 50 代の男性

B）ネコの多頭飼育で家が腐敗し、近隣に悪臭を放っているが、民生委員が訪問しても水をかけて怒鳴り散らすゴミ屋敷の高齢女性

C）自分（支援者）には見えない何かとすぐに会話を始め、こちらとの話が進まない精神障害者

D）「男は仕事、女は家庭」「女は若いから価値がある」「女は単純労働が向いている」などと平然と言う 40 代の男性

E）挨拶もできず、敬語も話せず、すぐにキレる 17 歳の若者

F）できちゃった婚をしたがすぐに離婚し、お金も頼れる親族もない 17 歳のシングルマザー

G）息子を虐待している現役の暴力団員

	1	2	3	4	5	6	7
順番の解答欄							

たぬきは支援したくないなぁ。何か嫌だし。

君さぁ……そこで止まるんじゃなくて、なぜ自分がそう感じたのかを冷静に考えてみて……ほら……たぬきは嫌じゃないよね……え、嫌？　そうですか……。

現場では自分とは異なる価値観の人に対応したり、専門職同士でも意見が分かれそうなケースを見たりする機会があるでしょう。自己覚知は、そのような状況で、自分が専門職としてどう考え、どう判断をしたのかを言葉にし、それを反省材料としてより良い支援につなげることに役立ちます。

また、自己覚知は利用者の行動を「問題」とみなすべき場面や、支援者の側に葛藤や倫理的ジレンマが生じる難しい場面で、何を優先すべきかを明確にして混乱を避け、適切な支援をするのに役立ちます。

例えば、施設に入居している50代の男性が風俗店に行くための介助を求めている場合、あなたはどう考え、どう応答しますか。そのとき、どの立場からそう考えているかも大事です。単なる個人としてそう考えるのか、一人の女性（あるいはその他の性）としてなのか、専門職としてなのか、専門職のどのような知識や価値に基づいてそう考えるのか。

あるいは、10代の女性がソーシャルワーカーに対して嬉しそうに「ねえ聞いて、私妊娠したの」と報告してきたとき、そのソーシャルワーカーは「おめでとう」と言うより先に「今の状況で産んでちゃんと育てられる？　お金は？　家族は？」と聞いてしまったとします。そのソーシャルワーカーは、いったいどのような立場から、どのような知識や価値に基づいて（縛られて）そう聞いてしまうのでしょうか。

みなさんは卒業後、現場で働いていると、何でも先生や上司に正解を求めるのではなく、一人の専門職としての自分自身の責任ある答えが求められます。自分の、他の人と異なる考えや、弱さを言葉にして直視することはストレスのかかることですが、大切なことです。

実習では、反省会、事例検討会、帰校日、巡回指導などをその良い機会としましょう。

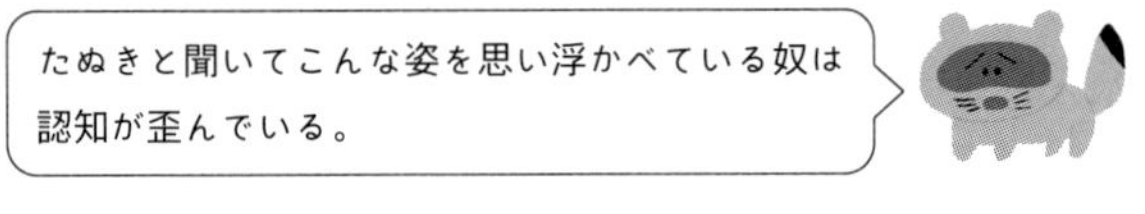

たぬきと聞いてこんな姿を思い浮かべている奴は
認知が歪んでいる。

第8章 主体性とコミュニケーション能力

この章では、実習先で求められる主体性とコミュニケーション能力について学習します。もちろん、それらは本を読んでいるだけで身につくものではありませんが、チャレンジと試行錯誤のなかで身につけられるよう、まずは意識をもちましょう。

1 現場で必ず求められる能力

実習先は実習生に主体性とコミュニケーション能力を求めています。主体性とは、責任感をもって、自分で考え、行動する能力です。コミュニケーション能力とは、言葉や表情や行動で適切に意思疎通する能力です。これらは社会福祉の現場に限らず重要です。民間企業が学生に最も求めている能力は主体性とコミュニケーション能力です。言ってしまえば、社会福祉士の国家資格をとること以前に、この社会で基本として求められている能力です。

機械の代わりとしての単純作業ならまだしも、社会福祉の仕事は人間相手の仕事であって、チームプレイをする仕事ですから、社会福祉の現場に行く人はこれらを必ず向上させなければなりません。

2 実習生はお客様ではない

あなたは実習生であって、お客様ではありません。実習生はもう仕事をしてサービスを提供する人の側にいます。そもそも実習に行く学生はもう成人でしょう。ただ受け身の姿勢で指示を待っているだけでは、実習としての学びになりませんし、ましてやソーシャルワーカーとしての仕事はできません。

職場では、何でもかんでも「どうせ誰かがやってくれるだろう」とか「だって先生が指示をくれないから困っているんです」といった甘えた態度で済ませることはできません。一人の大人として、働く人として、責任感をもって自分で考え、行動するべきことばかりです。

3 責任をもち、応答することも主体性である

主体性とは、自分で考え、行動することですが、「自分はこうしたい、自分はこうしたくない」と主張するだけのわがままではありません。誰かの声に自分が応答すること、誰かが

やるべきことを自分が担うこともまた主体性です。

あなたが自分の半径１ｍ以内だけしか見ず、その外側で誰かが困っているときに、「自分は今、目先の作業をしていて、それで役割を果たしているし、無視しても責められないだろう」と解釈して、行動しないとどうなるでしょうか。事故やトラブルにつながりますし、あなたは言われたことしかしない、主体性のない人だと思われてしまうでしょう。

あなたは養成校のゼミや就職活動で行われるグループワークやグループディスカッションは得意なほうでしょうか。例えば、５人のグループで話していて、あなたは隣の人と話しているとします。残りの３人のうち、２人が向き合って話していて、残った１人が孤立しています。このときあなたはどうしますか。「放置していても、責任はグループ全体にあるし、自分が文句を言われる筋合いはない」とか「自分は今、隣の人と話せていて孤立していないし、このままの状態で安心していたい。他人はどうでもいい」という感覚で、何も行動できないとしたら、残念ながら社会福祉の仕事は向いていないでしょう。現場でそのような人がいると、事故やトラブルにつながりますし、何より、サービスの質を下げてしまうからです。「今だけ、自分だけ、安心だけ」ではいけません。「先のことを考え、その場やメンバー全体のことを考え、不安でも最善だと思う行動をする」ようにしましょう。

4　オープンクエスチョンに慣れる

いきなりですが、ここで一つ、簡単なワークをしてみましょう。

あなたの養成校がある市町村についてどう思いますか。
自由に記述してください。

このように、自分で言葉を選び、考えて回答する質問をオープンクエスチョン（開かれた質問）といいます。これに対して、「はい」「いいえ」など単純な選択肢から選ぶだけの質問をクローズドクエスチョン（閉ざされた質問）といいます。

主体性のない人はオープンクエスチョンが苦手です。自分で考えて、自分の言葉が相手に聞かれ、自分の話したことに責任をもたないといけないからです。上記の例題について、しっかりとした答えが浮かばないとしたら、そもそもあなたはその市町村にお世話になっていながら、ずっとお客様気分、遠くから眺めているような気分で、特に何も感じずに過ごしてきた人だと思われるかもしれません。

オープンクエスチョンに慣れてください。例えば、実習中に利用者や実習担当者、その他の関係者から次のような質問がきたらどのように答えますか。

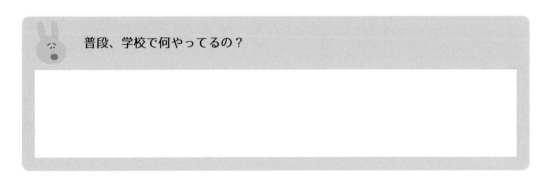

普段、学校で何やってるの？

将来どうするの？

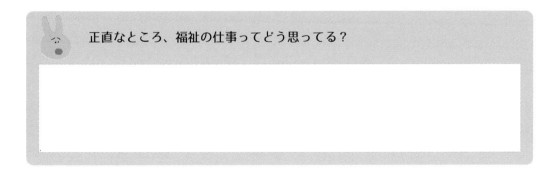

正直なところ、福祉の仕事ってどう思ってる？

5 コミュニケーション能力とは

普段は学科や部活などの仲間内で明るく話しているのに、友達以外とプレゼンテーションやグループワークをするときには、うつむいて小声になったり、全く話せなかったり、しどろもどろになったりする人がいます。コミュニケーション能力とは、既に親しい人と明るくコミュニケーションをとることではなく、コミュニケーションをとりにくい相手とコミュニケーションをとる能力です。話しやすそうな人とばかり話して生活をしている人は、たとえ不安であっても、実習を機に、さまざまな人と、さまざまな場面で話せるようになってください。

とはいえ、コミュニケーション能力は、何も明るく元気に話すことだけではありません。うまく話せなくても、利用者の話を丁寧に傾聴し、整理し、共に悩めることも、援助関係を築くコミュニケーション能力です。また、「利用者」といっても、子どもの場合とその保護者の場合では言葉や話し方を変えるものです。

社会福祉の現場では、利用者側にコミュニケーションの苦手な方が少なくありません。前節で説明したオープン／クローズドのクエスチョンでいえば、利用者がコミュニケーションの苦手な人であったり、選択肢から選んでもらったりする場合には、答えやすいようにクローズドクエスチョンにしますし、利用者の自由な言葉や意思を知りたい場合はオープンクエスチョンにします。その場、その相手に応じた適切なコミュニケーションをとる必要があります。

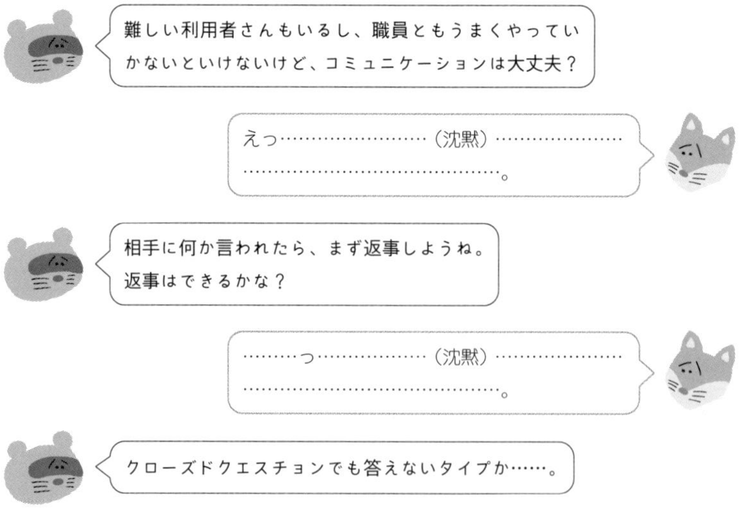

6 言語コミュニケーションと非言語コミュニケーション

コミュニケーションには、言葉を使って話したりメッセージを書いたりして行う言語コミュニケーションだけでなく、言葉を使わない非言語コミュニケーションがあります。

非言語コミュニケーションとは、例えば、表情、顔色、声の調子、話す速度、ジェスチャー、視線、態度がそれです。表情が暗い、うつむいている、目を合わせない、やたら早口である、目が泳いでいる、耳や髪に触る、手足が落ち着かずやたら動かしている、興味がないような口調であるといった状態では、たとえ言語がまともであっても、マイナスイメージにつながってしまうこともあるでしょう。逆に、言語が未熟でも、非言語コミュニケーションで誠実にふるまえれば、プラスイメージにつながることもあるでしょう。

ソーシャルワーカーの仕事では、言葉で正しい論理を伝える言語コミュニケーションのみでなく、落ち着いて大切な話をするための非言語コミュニケーションの能力も重要です。場合によっては、その場にいるだけでなぜかほっと安心できることも非言語のコミュニケーション能力です。

自分のふるまいを見直すことはストレスのかかることかもしれませんが、今後の就職活動での面接やグループワークでも必要なことです。自分のコミュニケーション場面を録画して見直すことが効果的です。

日本史を通して、たぬきは人間でもあった。君たちの言葉はたぬきの言葉でもある。たぬきの品位にも関わっているので、その点、気をつけるように。

第9章 実習におけるスーパービジョン

この章では、スーパービジョンが実習でどのように展開され、実習生はスーパーバイジーとしてどのような役割があるかを理解しましょう。

1 実習中のスーパービジョン――実習指導者によるスーパービジョン

スーパービジョンについては、他の科目ですでに学習していることでしょう（「ソーシャルワークの理論と方法」など）。知識に不安がある人はまず復習しておきましょう。

ソーシャルワーク実習はスーパービジョンを通して進められます。スーパーバイザーが実習指導者や実習担当教員、スーパーバイジーが実習生です。実習生とスーパーバイザーの関係をスーパービジョン関係といいます。カデューシンとハークネスによる定義に照らしていえば、実習スーパービジョンとは、スーパーバイザー（実習指導者、実習担当教員）がスーパーバイジー（実習生）と良好な関係をもって関わるなかで管理的、教育的、支持的機能を果たし、スーパーバイジーの成長と熟練に影響を与え、最終的にはクライエントへの質・量ともに可能な限り最上のサービスへとつなげる作業です。

スーパービジョンは「管理的機能」「教育的機能」「支持的機能」の３つが関わって展開されます。このうち、ソーシャルワーク実習では管理的機能に重点が置かれる傾向にあります。

■管理的機能

実習指導者は、実習生が実習を最後まで遂行できるよう管理します。

①出勤、退勤、提出物のチェック、健康管理、養成校教員との調整をします。

②実習計画書や事前訪問の情報をもとに、力量に合わせた実習プログラムを作成します。

③実習先の機関・施設の業務や運営に関する研修を行います。

④実習生が実習の遂行のため、随時、報告・連絡・相談できるように指導します。

■教育的機能

実習指導者は、実習生に要求される専門的な知識・技術・価値の向上を図ります。

①その実践で必要なことは何か、実習生自身で気づきが得られるように指導します。

②基本的な知識や価値のうち、特にその現場で求められることについて研修を行います。

▩支持的機能

実習指導者は、実習生が不安や葛藤に向き合えるように支援します。

①不安や葛藤に向き合い、前向きに、主体的に考えて行動できる意欲を引き出します。

②失敗からも学びがあることを感じられるように指導します。

③実習生の過去の個人的な体験、感情、それらによる援助への影響について対応します。

では、どのようなときにスーパービジョンが実施されるのでしょうか。視野の広い考え方をすると、実習スーパービジョンは、事前訪問の面接のとき、あるいは事前訪問の電話のときからすでに始まっています。ソーシャルワーカーを目指す動機、実習の目的、実習施設を選んだ理由、事前学習の水準、実習計画書の内容、将来の展望などもスーパービジョンに活かされます。

実習中に行われるスーパービジョンとして、一つは、実習先がつくる実習プログラムに予定として入っている場合です。もう一つは実習生がスーパービジョンを依頼した場合です。そしてもう一つが、実習指導者が必要だと判断して行う場合です。実習生がはっきりと依頼しなくても、実習指導者がそのようなニーズがあると判断して行うことがあります。例えば、実習生の態度について意思確認と指導が必要な場合や、記録の書き方に課題がある場合、「嬉しかった」といった感想しか言えないなど実習の学びの深さに課題がある場合、他職種や他機関からの評価を取り入れて活動を修正する場合、自己覚知を深める必要がある場合などです。

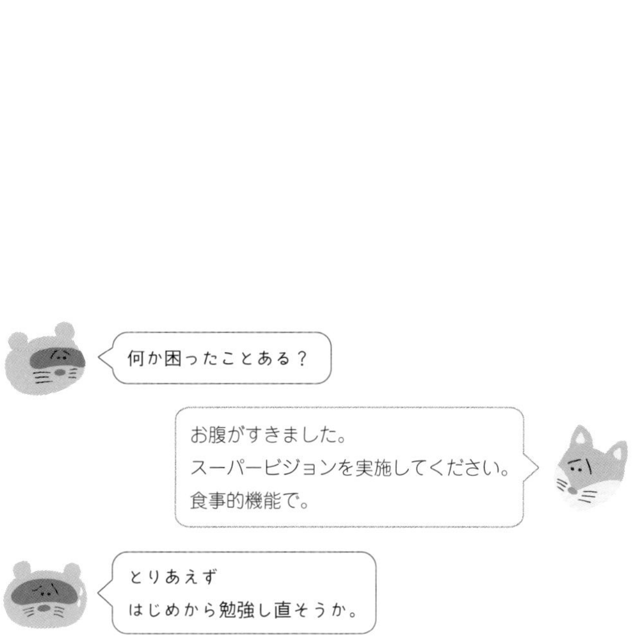

2 巡回指導と帰校日――実習担当教員によるスーパービジョン

実習期間中は、実習担当教員が週１回程度の周期で巡回指導をします。また実習生が養成校に戻って指導を受ける帰校日指導もあります。

■管理的機能

①実習初期は、実習計画書と実習プログラムの適切性を評価し、修正の場合は実習指導者と相談します。

②実習の進捗（1日ごとの実習内容、実習記録の提出状況など）、体調管理、生活上の問題（友人、アルバイト、お金など）を確認します。

③実習終了時には、実習生自身による達成度や自己評価について確認します。

■教育的機能

実習記録の書き方、専門職としての知識・技術・価値について、学習の補足を行います。

■支持的機能

①実習指導者や利用者、他の職員らとの関係性を確認し、実習生の不安や葛藤へのサポートを行います。

②専門職としての自己覚知について確認します。

帰校日を月曜か金曜にしてください！
３連休にしてディ〇ニーランドに行きます！
巡回の日におみやげ渡すんで！

君さぁ……実習期間中によくそんな気分になれるね。
それと、実習先によっては土日も実習があるから注意しなさい。

3 二重のスーパービジョン――実習担当教員と実習指導者

上述のように、実習では実習担当教員と実習指導者の二人からスーパービジョン（SV）を受けることになります。

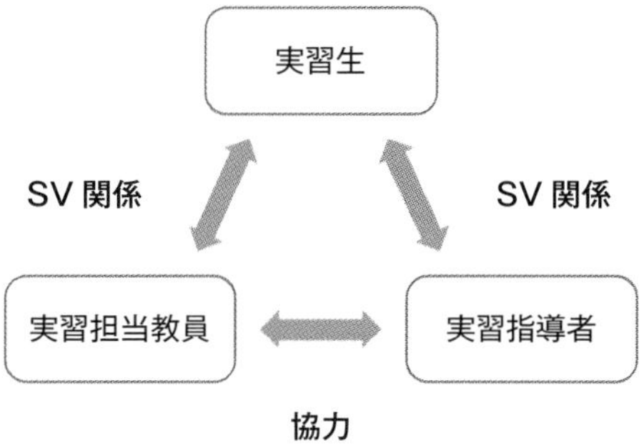

公益社団法人日本社会福祉士会編（2014）『社会福祉士実習指導者テキスト　第2版』（中央法規）p.252 を参考に筆者作成。

❶実習担当教員から

実習前は養成校での実習指導や事前学習、実習中は巡回指導や帰校日指導、実習後はふりかえりや事後学習により、一貫したスーパービジョンを受けます。

❷実習指導者から

実習前は事前訪問から、実習中は実習生からの質問・相談や実習記録などを活用し、随時スーパービジョンを受けます。例えば実習中に疑問をもって実習指導者に質問し、別の時間を設定してもらって指導を受けることもスーパービジョンです。

単に現場を案内されたり、日常的なコミュニケーションをしたりする場合というより、専門職としての知識・技術・価値に関わることや業務の遂行に関わるやりとりがある場合には、スーパービジョンを意識しましょう。

スーパービジョンを受けるためには準備も必要です。積極的に質問し、また自分で調べられるところは調べる、疑問に思った場面の実習記録を手元に用意するなど、準備をして臨みましょう。

次のページのワークでスーパービジョンに関する3つの問いについて考えてみましょう。

実習中に実習先でスーパービジョンを受けるにあたって、実習生の思考や行動として最も適切なものを、選択肢①～③の中から選びましょう。

1　実習中に分からない用語が出てきた。翌週にスーパービジョンの機会が設定されているので、何らかの形で伝えることにした。

①メモにとっておいて、スーパービジョンの機会にその用語や制度の意味を質問する。

②その用語や制度について調べたうえで、スーパービジョンの機会に、実践するうえで疑問が残ること、難しく感じていることについて質問する。

③分からない用語や制度の意味について実習記録に書いて、スーパービジョンの日までに実習指導者に気づいてもらい、解説されるのを謙虚に待っておく。

回答欄

2　実習期間中に職員による支援の場面を見て、不適切な支援であると思った。

①批判と受け取られかねないため、実習指導者への直接の相談は避け、実習記録には書かず、個人用のメモにとどめておく。

②その支援にみられる知識・技術・価値について確認し、なぜそれを不適切な支援だと考えたのかを分析しつつ、実習指導者に相談する。

③利用者の話を聴き、事実を確認し、不適切支援のエビデンスを得てから実習指導者に問いただす。

回答欄

3　実習指導者から実習記録の書き方の問題を指摘され、またもっと早く提出するよう注意を受け、週末に時間を設けて指導と調整が入ることになった。

①書き方についても専門職養成の一環と考えて、記録の書き方に関する事前学習の資料を見直しつつ、苦手なことを整理し、紙にまとめておく。

②書き方や提出については、専門職養成というよりは一般的な能力であり、慣れによるものと考え、これまでどおりの作業を継続し、慣れる。

③書き方に集中することは利用者への支援という目的から外れているうえ、週末の本来の予定をなくすことや、実習指導者の負担となることは避けるため、実習指導者には自己学習で対応すると伝える。

回答欄

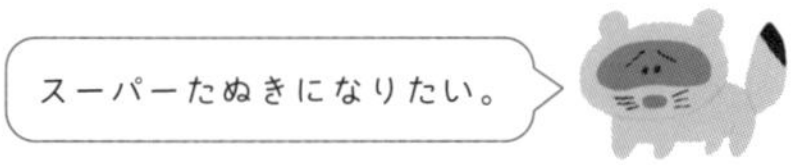

第10章 実習中に起こる問題①　ハラスメント

実習中は、実習生が実習先の人にハラスメントをしてしまう可能性や、逆に実習生がハラスメントを受けてしまう可能性があります。

ハラスメントについて意識したうえで、適切に対処できるよう準備しておきましょう。

1 実習生の立場

実習生はソーシャルワーカーを目指す見習い（プレ・ソーシャルワーカー）の立場です。その意味では、実習生は実習担当者や他の職員の方々よりも弱い立場にあります。その一方で、利用者からすれば実習生は職員側にいるのであって、その意味では実習生は利用者よりも強い立場にあります。

実習生はこのようなきわどい立場の差について意識しておく必要があるでしょう。

利用者にとって、実習生は新しい職員に映るかもしれませんし、話しやすい存在となるかもしれません。実習生もまた「早く利用者さんと親しくなりたい」、「信頼関係をつくりたい」と考え、利用者と距離が近くなりすぎる可能性があります。

実習現場で気をつけなければならないのは、普段の自由で寛容な学校生活の延長で、軽い気持ちで発言したり行動したりしたことが、利用者や職員からハラスメントととられる可能性です。この点、第７章　差別意識、権力、認知の歪みを自覚するをもう一度確認しておきましょう。

2 ハラスメントの理解

専門職としての価値を追求するソーシャルワーカーにとって、ハラスメントに対する理解は不可欠です。ハラスメントは、本人の意図に関係なく、相手の尊厳を傷つけたり、脅威を与えたり、不利益を与えたりすることです。

本人にハラスメントの自覚がなくても、相手がハラスメントだと思った場合、その言動がハラスメントに該当する可能性があります。もちろん、何でもハラスメントだと「言ったもの勝ち」とはなりません。問題が大きくなれば、対話の中で出来事が検証されることになるでしょう。ですがその場合でも、その言葉や行動が適切であったかどうかが重要であって、本人の意図は関係ないことには注意してください。「そんなつもりで言ったのではない」などの「つもり」は弁解にはなりません。

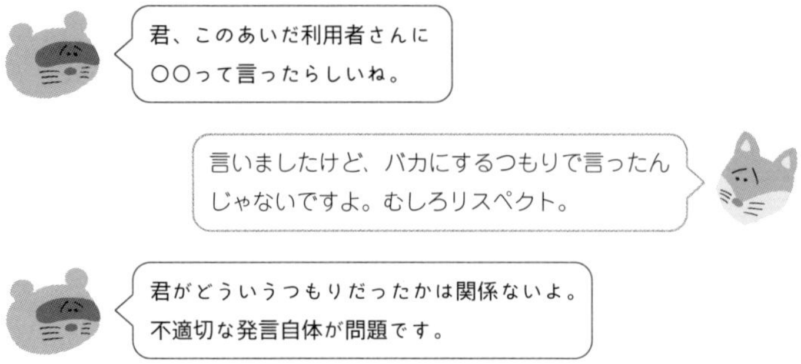

君、このあいだ利用者さんに〇〇って言ったらしいね。
言いましたけど、バカにするつもりで言ったんじゃないですよ。むしろリスペクト。
君がどういうつもりだったかは関係ないよ。不適切な発言自体が問題です。

代表的なハラスメントとして以下の４つがあります。

■パワーハラスメント

職場内での立場を利用し、業務上の適正な範囲を超えて叱責や嫌がらせをすることです。威圧的な態度で脅迫したり、侮辱したり、仲間外れにしたりすることです。

■モラルハラスメント

嫌がらせや精神的な暴力のことで、陰湿ないじめのようなことです。無視をする、嫌味を言う、必要以上に説教をする、束縛するなどがこれにあたります。

■セクシャルハラスメント

相手の意に反して性的な言動をしたり、不快な状況をつくったりすることです。見えるように性的なポスターや画像を表示するなど、言葉や行動以外のやり方も含まれます。

■ジェンダーハラスメント

性別によって異なった社会的役割を求めるなど、固定観念に基づいた言動をしたり、状況をつくったりすることです。「男のくせに酒も飲めないのか」「女のくせに料理もできないのか」といった発言があたります。

このほかにも、体臭や香水などの臭いによる嫌がらせである「スメルハラスメント」（スメハラ）、働く母親・父親に対する嫌がらせである「マタニティハラスメント」・「パタニティハラスメント」（マタハラ・パタハラ）、教員からの学生への嫌がらせである「アカデミックハラスメント」（アカハラ）、雇う側による就活生に向けた嫌がらせである「就活終われハラスメント」（オワハラ）など、さまざまな言葉が続々と生み出されています。

実習生も、利用者や現場の職員からハラスメントを受けたと感じることがあるかもしれません。自己覚知もかねて、以下のワークを行い、ハラスメントへの意識を高めておきましょう。

次のような場合、どのくらい深刻なハラスメントとして理解しますか。程度を1～5（最も深刻だと思うものを5）で表しましょう。そしてグループで話し合い、互いの価値観や身体感覚を確認してみましょう。

程度	
	①介護の現場に入った際、同性介助ではなく、異性の裸体に触れなければならなかった。
	②現場職員から「男性（女性）だったら、そろそろ結婚について考えないとね」と言われた。
	③高齢で軽度認知症の利用者から胸やお尻を触られた。
	④特に障害のない10代の利用者から胸やお尻を触られた。
	⑤仕事を与えられず、一日中ぼんやりと日が暮れるのを待っている状態にされた。
	⑥現場職員から「小学生以下だ」「ポンコツだなぁ」と言われた。

柔軟に対応できるよう、次章の第11章　実習中に起こる問題②　悩みやジレンマも参考にしたうえで、実習担当教員に養成校としての立場を確認しておきましょう。また実習先には、ハラスメントに限らず、実習中の悩みについて、実習中の報告・連絡・相談の経路を確認しておきましょう。

何か珍しい生き物だと思って見たらたぬきだったとき、「なんだ、たぬきか」と言うのはタヌハラである。

第11章 実習中に起こる問題②　悩みやジレンマ

実習中にはさまざまな悩みやジレンマが生じることでしょう。この章では、実習中に生じやすい悩みについてあらかじめ知っておいて、どのように対処するかについて考えておきましょう。

1 利用者との関係が難しいとき

利用者のなかには、コミュニケーションが難しい人がいたり、暴言を吐いたり、自傷・他害行為をしたりする人もいるかもしれません。なるべく実習担当者に適切な対応を聞くほうがよいでしょう。しかし忙しそうにしている職員に対して質問がしにくい空気を感じたり、職員から「自分で対応して」と指示されたりする可能性もあります。

ときには利用者から強い拒絶の意思を感じるかもしれません。例えば、入所施設の場合、利用者からすれば、自分の「家」に見知らぬ実習生が入ってきて「あなたを支援します」と言ってくるわけです。利用者が不快に思ってしまうことへの共感も大切です。だからといって実習生が利用者に何もできなかったり、利用者の問題行動を放置したりすると、支援になりません。相手に配慮しながら、それでも距離感をつかんで、支援者としての役割を果たすことが求められます。

また、ときには利用者からハラスメントやストーカー行為を受けたと感じるかもしれません。利用者にも人間としての尊厳があるように、実習生にも人間としての尊厳があります。それに、利用者の問題を何でも受け入れたり放置したりするのが「利用者想いの良い支援」ではありません。それとは逆に、利用者の善意によって過剰に優しくされたり、物をもらったりすることがあるかもしれません。それも支援という観点から適切かどうかを見極める必要があります。

柔軟に対応できるように、利用者との適切な援助関係について確認しておきましょう（本書の読者の多くは、すでに養成校の授業で学習していると思いますので、利用者との適切な援助関係について復習しておきましょう）。そして、利用者との関係について報告・連絡・相談の経路を確認しておいて、支援につなげましょう。

2 職員との関係が難しいとき

ときには、職員の利用者への対応について「乱暴だな」とか「暴言では」と思うこともあるかもしれません。また実習担当者や他の職員について、「親切に指導してくれるけれど、何を言っているか分からない」、「放置されていて、何をすればいいか分からない」と感じることがあるかもしれません。あるいは実習担当者や他の職員からの指導がハラスメントだと感じたり、ついていけないと感じたりすることもあるかもしれません。

そのことを気軽に質問・相談できる空気の現場であればいいでしょうが、そうとも限りません。実習担当教員に相談することはもちろん、実習担当者以外で相談できる人や場所があるかを確認しておくとよいでしょう。

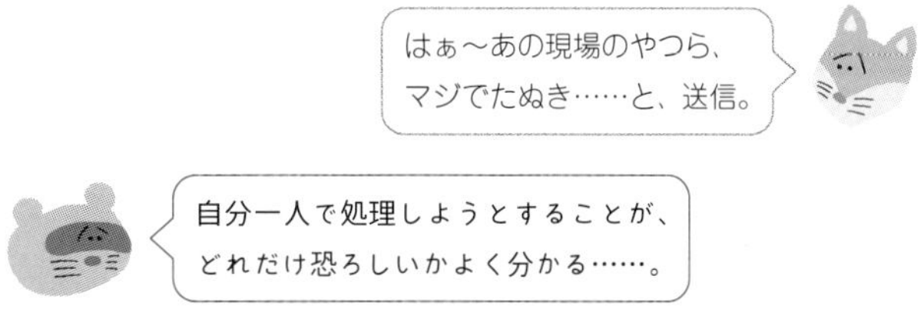

はぁ～あの現場のやつら、
マジでたぬき……と、送信。
自分一人で処理しようとすることが、
どれだけ恐ろしいかよく分かる……。

3 ソーシャルワーク実習ではない気がするとき

特に施設系の実習先につきまとう問題です。高齢分野の現場なら、相談援助はほとんどせず、利用者を知るという名目でずっと介護をしたり、児童分野の現場ならずっと保育をしたりするかもしれません。障害者の現場でも同様です。ケアワークばかりしていては「保育実習や介護実習ではないのになぁ」「実習生を都合よく使って現場の人手不足を埋め合わせているだけでは」という感覚にもなるでしょう。ソーシャルワーク実習の受け入れ態勢や実績が十分でない現場もあるかもしれません。しかし養成校から依頼して実習を受け入れてもらっているわけですから、養成校としては強く要望を出しにくいこともあります。

とはいえ養成校と実習先では、厚生労働省の定めるソーシャルワーク実習の「教育に含むべき事項」(付録2を参照) など、何らかの基準が共有されているでしょう。また、実習先は提出された実習計画書も参考にして実習プログラムを作成しているはずです。

実習計画書の段階で、学びたい内容について書いておきましょう。また、実習中は、自分が現時点で何を学んでいて、今後何を学ぶ予定なのかを実習担当者と確認し、そのうえで、実習担当教員に相談しましょう。

4 現場のルールや空気に納得がいかないとき

現場の独自の慣習やルールに実習生が戸惑うことも少なくありません。現場の外からやってきた実習生だからこそ「おかしいな」と違和感をもてる場合もあるでしょう。

そこで積極的に質問し、考えることを通して、「そういう事情があったのか」と気づくこともあれば、それでも「やっぱりおかしい」と納得がいかないこともあるでしょう。

例1） ある施設で心理職が「虐待のニュースが流れてトラウマが蘇るといけないから」という理由で子どもたちにテレビのニュース番組を禁止した。それに対して実習生は「そんなことを言っていたら何もできないではないか」、「子どもにも知る権利はあるはずだ」と思った。

例2） ある施設で栄養士が職員に「健康上の理由でごはんはこれだけです」と指導した。それに対して実習生は「施設の外には太っている人や病気の人もたくさんいるのに、どうしてここの利用者はそこまで管理されないといけないのか」、「利用者は金銭的にも余裕があるのだし、自由に好きなものを食べるのは権利ではないか」と思った。

例3） あるカンファレンスでソーシャルワーカーが「この人、知的（障害）？　知的なら、これで決まりでしょ」と、利用者の属性だけでケースの今後を即決していた。それに対して実習生は「得意げに人を裁くような態度が嫌だった」、「そんなふうにサバサバと処理できることが『専門職』なのだろうか」と思った。

以上の場合、実習生としてどう考え、どう行動するでしょうか。まずは養成校の方針について、実習担当教員としっかり確認したうえで、実習に臨みましょう。

また、実習先で相談できる人や相談する方法も把握しておきたいところです。いきなり実習記録に思いの全てを書くのではなく、どの職員に相談するのか、反省会などの機会で行うのかなど、なるべく確認しておきましょう。

5 振り返り、自分に問う

支援のあり方について悩んだり揺らいだりすることは大切なことです。悩んだり揺らいだりすることは、あなたが人間に関心をもち、少しでも何かをより良くしようという気持ちがあるからです。むしろ、何も感じずに飄々（ひょうひょう）と、淡々とこなすだけの精神で対人援助の仕事をすることのほうが危険です。そんな悩める自分を大切にしながら、ソーシャルワーカーとしてどう悩むか、という思考も大切にしましょう。

ソーシャルワーカーには専門的な「知識」「技術」「価値」が求められます。実習前に自己覚知をしっかりしておくことはもちろん、自分の悩みが、知識の不足や差によるものなのか、コミュニケーションや配慮の技術によるものなのか、追求する価値の差によるものなのかを考えてみましょう。

実習までに表を埋めて、安心して実習に行けるようにしましょう。

悩みに対応するために、確認すること	確認したこと
自分はどんなことで悩みそうか？	
実習先で、実習担当者以外の相談先はあるか？ あるとすれば、それはどこか？	
実習担当教員との連絡手段はどうなっているか？	
養成校のハラスメント対策はどうなっているか？	
実習記録以外に、どこに思いを留めるか？	

たぬきには悩みがない。それが悩み。
悩みをもつことは当然だ。より良い支援につなげるため、
溜めこまず、言葉にして検討したまえ。

第12章 実習記録の前に①　正確かつ誠実な表現

第12章と第13章では、実習中の会話や記録の中での言葉遣いについて解説します。この章では、「正確に表現すること」と、「不適切な表現を避けること」について解説します。

1 業務で求められる言葉遣い

この章からは、記録を記入する場面での注意事項を取り扱っていきます。まずは (1) 情報を正確に伝えること、(2) 関係者を傷つける表現を避けることの2点について説明します。これらは記録の場面以外でも絶対に必要な配慮です。おそらく、すぐに完璧に書けるようにはなりません。実習担当教員や実習指導者から指摘を受けながら、素直に修正していきましょう。

2 記録での表現（1）　正確な表現

記録の重要な役割は、情報を他者と共有することです。ある出来事を直接見聞きしていない相手にも伝わるよう、詳細に、正確に、客観的に、事実を記録しなくてはいけません。以下で挙げることを心がけるようにしましょう。

■十分な情報を、詳細に書く

その場にいなかった人にも状況が詳しく伝わるように、十分な情報を含めるようにしましょう。例えば、以下の2つの文を比べてみてください。

×「利用者Aが騒いでいた」

○「午後のレクリエーションの際、利用者Aと利用者Bのあいだで口論になり、AがBに対して大声で怒鳴りつけた」

上側の文は、誰が、いつ、どのような場面で、どのように行ったことなのか、など、その場面の情報が全くないのに対し、下側の文は、それらの事柄が詳細に書かれています。記録された出来事を直接見聞きしていない人にも情報が伝わるよう、十分な情報量をもたせて記述しましょう。

■あいまいな記述を避け、正確に書く

あいまいな記述を避け、できる限り正確な情報を記入しましょう。例えば以下のような例です。

×「熱があった」

○「体温が 38.2 度だった」

一言で「熱」といっても、その度合いはさまざまですから、正確に表現しましょう。数字などのデータで状態を正確に表せる事柄ならば、数字も正確に伝えたほうがよいでしょう。

■勝手な推測や主観的な情報を避け、客観的な情報を書く

記録では、勝手な推測を避けて、客観的な記述に努めましょう。例えば、以下の例を見てください。

×「利用者はたぶん ADHD だと思う」（確定情報なしに診断名を推測）

○「利用者は単調な作業を続けることが苦手で、席から離れて室内を歩き回ることが多い」（訴えている状態の記述）

○「利用者は医師から ADHD の診断を受けている」（医師の診断という事実の記述）

まだ医師による診断がついていないときに医学的な診断名を使うのは避けるべきです。ただの推測にすぎないことを勝手に書いてはいけません。「席から離れて室内を歩き回る」という行動や状態を記入するか、医師からこのような診断が下されたという事実を記入すれば、推測を避けた客観的な記述にできます。医療的な話題に限らず、勝手な憶測で記録を書かないように気をつけなくてはなりません。

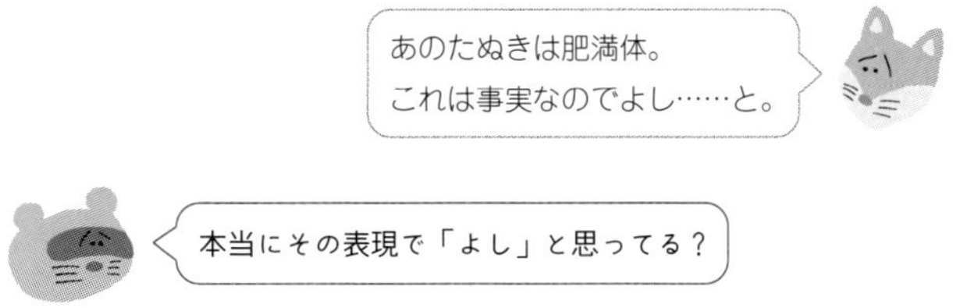

あのたぬきは肥満体。
これは事実なのでよし……と。
本当にその表現で「よし」と思ってる？

■書き言葉にふさわしい表現を使う

記録は文書ですから、「書き言葉」で書きます。こうした書類では、いたる所で普段の日常会話とは違う言葉を選ばなくてはいけません。例えば、「休み」を「休憩」や「休日」と表現したりするように、書き言葉では漢字や横文字を多く使う傾向があります。ほかにも、「○○だから」を「○○であるため」と表現するような言い換えも必要です。全体的に堅い（その代わりあいまいさや主観を避けやすい）日本語を使うことが求められます。

次の言葉を、書き言葉に改めましょう。

before	after
とても汚れてた。	
だんだんできるようになってきた。	
でも、時間がかかってもうた。	
それから、昼めしを食った。	
まだ作業があるし、終われなかった。	
ゴミがあるから、捨ててもらった。	
面白くないだろうけど、続けてもらった。	
子どもなのに、政治に詳しい。	
昼寝しないで、友達と話していた。	
課題をやらなければいけない。	
すごく遅いです。	
というか、ほとんど動かなかった。	
まあ、いいのですが。	
じゃあ、どうするかというと難しかった。	
シャレにならんので、注意した。	

3 記録での表現（2） 誠実な表現

■蔑称になっている言葉は絶対に使わない

世の中には、差別的であるとされ、使うべきではない言葉（蔑称）が存在します。こうした言葉は、権利侵害ともなるため、どのような場面であろうと使ってはいけません。社会福祉の歴史の中でも、多くの言葉が差別的でない言葉に言い換えられてきました。例えば、「痴呆」は「認知症」に、「保母さん」は「保育士」に言い換えられました。表現には常に気をつけましょう。

■他人を傷つけない表現を選ぶ

人の容姿に関する事柄など、ストレートに表現することが望ましくない場合があります。そのような事柄は、言葉選びにも注意が必要です。特に、他人の特徴をネガティブに表現する言葉には注意が必要です。なるべくネガティブなニュアンスが薄れる表現に言い換えましょう。

■実習生の立場では使ってはいけない言葉もある

立場の違いによって、同じ言葉でも使ってよい人とそうでない人がいることもあります。例えば、派手ではなく地道な努力を続けることを「泥臭い」と表現することがあります。自分の行いを実習先の職員**本人**が「泥臭い」と表現することは許されても、実習生など外部の人が「泥臭い」と表現することは、失礼にあたります。他にも、お願いされた人は言ってもよいが、お願いする側の人が言ってはいけない言葉もあります。実習先の職員が口にした表現を、実習生が同じように口にしてはいけないこともあるので気をつけましょう。

■問題点だけに着目した言葉はなるべく避ける

支援において利用者のさまざまな課題と向き合うことは必要ですが、問題点ばかりに着目した表現で説明すると、実際の利用者とは異なったイメージで見てしまい、支援の幅が狭まったり、偏ったりしてしまいます。それは利用者の可能性を伸ばす良い支援から遠ざかることにつながりかねませんので、気をつけましょう。つまり、マナーや倫理のみでなく、ストレングス視点から支援する可能性を意識することも大事です。

利用者のことを実習指導者に伝えたり記録に書いたりする場合の、次の言葉を、ネガティブな要素が薄まるように改めましょう。

before	after
太っている	
チビだ	
のっぽだ	
頑固者だ	
かなりやばい服装だ	
暗い性格だ	
話の内容が意味不明だ	
どうかしている	
わがままを言う	
勝手に……した	
いい子にしていた	
……に問題がある	
禿げていて変だ	
もう一回させた	
……しかできない	
大暴れした	
思いっきりどつかれた	
うんこ漏らした	
何回言っても理解してもらえない	
支援を拒否した	

記録はきちんと正確に書くこと。例えば、たぬきとアナグマとアライグマとハクビシンの区別がついていない人が多いが、別物である。正確に、区別して書くためには知識も必要だ。実習記録も、知識や語彙（ごい）が豊富な人のほうが正確に書けるだろう。

第13章 実習記録の前に② ソーシャルワーカーの語彙

この章では、ソーシャルワーカーとしての基本的な語彙力を再確認します。

1 語彙力の重要性

実習生はソーシャルワーカー見習いとして、専門職集団の端くれになるわけです。なんとなくの日常会話の言葉ではなく、その集団の言葉を理解し、使えるようになることで、より専門性を深めていくことにつながるでしょう。

例えば、実習担当者から「施設でもメゾレベルの実践が案外大事だったりするんだよ」、「彼は臨床のプロだから」などと言われたとします。このとき「メゾレベル」「臨床」という言葉の意味が分からなければ有効な実習になりません（これらは極めて基本的な言葉ですので、すでに本書の読者の多くは養成校で聞いたことがあるはずです）。基本的な言葉が分からない場合、覚えていないか、理解していないままなんとなく理解した気になって、調べなかったとみなされてしまいます。そうならないよう、語彙力をつけておきましょう。

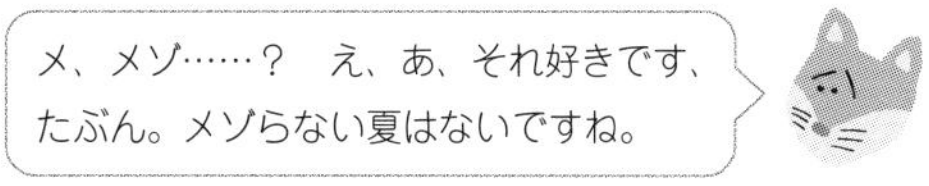

メ、メゾ……？　え、あ、それ好きです、
たぶん。メゾらない夏はないですね。

君さぁ……。

2 意外と実習生に理解されていない言葉

特定の現場だけで用いる略語や表現を覚える必要はまだありません。「身柄つき一保」（児童が警察に連れ添われて一時保護所で保護するケース）と言われても分からなくていいでしょう。

しかしジェネラリスト・ソーシャルワークの観点から、ソーシャルワーカーの間で広く通用している基本的な言葉は覚えておきましょう。

次の言葉の意味を説明してください。

用語	意味
臨床	
ケアワーク	
ケースワーク	
グループワーク	
コミュニティワーク	
ジェネラリスト	
スペシャリスト	
ミクロレベル	
メゾレベル	
マクロレベル	
システム	
アフターケア	
インテーク	
リファーラル	
アセスメント	
プランニング	
モニタリング	
マネジメント	
ケアマネジメント	
アウトリーチ	
コーディネーション	
ネットワーキング	
ネゴシエーション	
ファシリテーション	
プレゼンテーション	

（次ページに続く）

用語	意味
ソーシャルアクション	
リフレーミング	
エビデンスベースト	
パターナリズム	
非言語コミュニケーション	
構造化	
ショートステイ	
トワイライトステイ	
ADL	
IADL	
QOL	
ユニバーサルデザイン	
ダイバーシティ	
基礎研究	
ピア	
インクルーシヴ	
オルタナティヴ	
アディクション	
アンビバレンス	
レジリエンス	

また、上記のワークはただ単語を並べているだけですが、専門用語の前に、そもそも一般的な語彙力や理解力が不足していると現場で非常に困ります。

このほか、専門用語ではないですが、「陪席する」、「思料される」、「あの医局は」など、現場で聞く珍しい言葉もあるでしょう。分からない言葉があればその都度自分で調べ、誰かに聞く癖をつけておきましょう。「聞くは一時の恥、聞かぬは一生の恥」です。

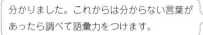

分かりました。これからは分からない言葉があったら調べて語彙力をつけます。

じゃあ、「語彙」ってどんな意味？

あ、えーっと、……言葉の、感じ、的な意味ですか？

うーん、違いますね……。理解していない言葉をなんとなく放置するクセをやめていきましょう。

3 略語、気取った言葉に気をつける

ソーシャルワークの現場では、横文字や略語、業界用語だらけです。しかし実習生はあくまでソーシャルワーカー見習いの立場ですので、たとえ現場の職員が使っている言葉をかっこいいと思っていても、まずは法律上の正式名称や学術用語を使うほうが無難でしょう。

例えば、口頭でグループホームを「グルホ」と呼んだり、知的障害者を「知的」と呼んだりすることは避けましょう。ただし、「サ高住」（サービス付き高齢者向け住宅の略）や「児相」（児童相談所の略）など、略語が相当に広く通用している場合もあり、略したほうがコミュニケーションが円滑になる場合もあります。

記録などに書く場合も、例えば実習先の慣習としてグループホームを「GH」、訪問を「HV」などと省略したりすることはありますが、それを求められない限りは、避けるのが無難です。

人間に化けて話すたぬきは、賢い人間とやりとりをするだけの語彙力とコミュニケーション能力がある。AIが人間の仕事を奪うというが、たぬきがさらにそれを奪うだろう。

第14章 実習記録の目的と書き方（SOAP／バイオ・サイコ・ソーシャル）

実習生は毎日実習記録を作成し、その記録をもとに実習指導者から指導を受けます。「記録」はソーシャルワーカーとしての専門的な技術です。

1 実習記録の目的

実習記録には少なくとも次の目的があります。

①実習生が分からないことをあとで調べたり、復習したりする。
②実習指導者や実習担当教員に実習の内容を報告する。
③実習指導者や実習担当教員とのスーパービジョンにつなげる。
④養成校と実習先が、それぞれの組織活動の公式の証明とする。
⑤養成校と実習先が、今後の専門職養成教育に活用する。
⑥実習生が実習後や卒業後に体験を振り返り、モチベーションの向上や自己覚知につなげる。

2 実習記録作成の注意点

実習記録を作成するために、実習中は常にメモ帳を持参し、こまめに書くことが大切です。実習指導者の言葉だけでなく、利用者とのやりとり、分からなかった言葉、覚えにくい名前や番号、関係団体の名称、自分自身がそのとき感じた印象や感想なども、言語化してメモにしておくとよいでしょう。メモの内容を活用し、調べながら、意味を理解したうえで書いて記録化します。ただし、実習先によってはメモを禁止している場合もありますので、確認して行いましょう。

実習記録はそれぞれの養成校がデザインしており、養成校の設定した項目にしたがって記入していきます。一日ずっと学び続けてその結果が「無」や「まっ白」ということはありえないので、できるかぎり全てを埋めるようにします。

また、実習記録は当日に書き上げましょう。日々の実習終了後に書くことが多いですが、現場によって異なりますので確認しておきましょう。持ち帰ることになる場合は、個人情報の取り扱いに気をつけましょう。

このほか、誤字や脱字に注意し、流行語や省略語は避け、文字を書く欄にイラストを描くことは避けましょう。特に指示がない限り、黒のボールペンで書きます。書き間違えてしまった場合は、二重線を引き、その上に自分の印鑑を押して訂正します。あとで文章に加筆する場合は、矢印や線などを欄外に引き伸ばし、加筆した文章を加えます。ただしそれらのルールは現場ごとに異なりますので確認しましょう。

3　実習記録の内容

①まず、その日の具体的な目標を書いておきます。

②実習で経験した事実や日課を、時間の経過に沿って書きます。一日にあったことをダラダラと全部書くのではなく、読み手が理解できる範囲で、要点を絞って書きます。

例） 13:30 ～ 14:00　新規の相談面接に陪席（ばいせき）

③実習を振り返り、自分で設定した目標の達成の程度、学んだ内容、得られた気づき、また何が疑問に残ったかについて書き、次の実習の目標や課題について書きます。

実習記録で大事なことは、事実の記述と主観的な記述を区別することです。主観的内容の場合は、何をどのようにそう思ったのか、読み手に具体的に説明することが必要です。

なお、記録に利用者を登場させる場合は、イニシャル表記は避け、「A さんと、その父 B さん」のように登場順にアルファベットで書きましょう。

4　記述のトレーニング――5W1Hを意識して具体的に伝える

5W1H とは、Who（誰が）、When（いつ）、Where（どこで）、What（何を）、Why（なぜ）、How（どのように）を示した言葉です。これらを書くことで、状況が伝わりやすくなります。

悪い例） ミーティングでコロナの流行が下火になり来月準備に取りかかるとのこと。

修正例） 朝のミーティングにおいて、施設長から全職員に、新型コロナウイルスの流行が下火になったため、来月開催される予定の秋祭りの準備に取りかかるよう指示があった。

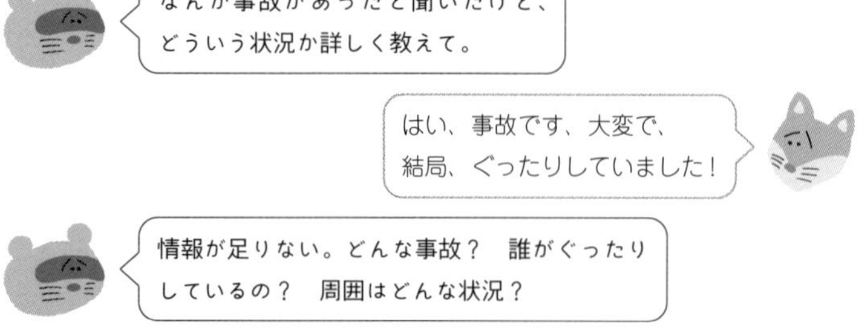

なんか事故があったと聞いたけど、どういう状況か詳しく教えて。
はい、事故です、大変で、結局、ぐったりしていました！
情報が足りない。どんな事故？　誰がぐったりしているの？　周囲はどんな状況？

5 記述のトレーニング――SOAP記録法

実習記録を作成する際の技法のひとつにSOAP形式があります。これは「S（subjective；主観的情報）」「O（objective；客観的情報）」「A（assessment；アセスメント）」「P（plan；プラン）」の4つの言葉で構成された記録方法です。

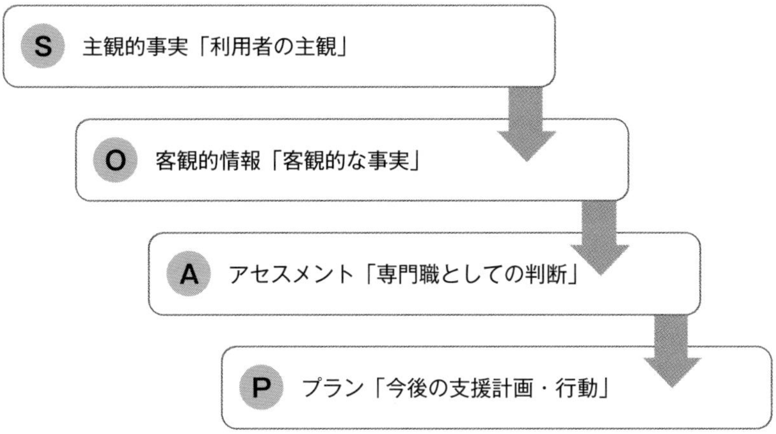

項目	内容	例
S（主観的情報）	利用者の感じたことや訴え	「眠れない」「やる気が出ない」「生活が苦しい」などの利用者が訴える内容。 「以前から眠剤を服用している」「中学生時代から不登校」「コロナ禍で仕事が首になった」などの本人が言っている既往歴や生活歴。また、家族や関係者から聞いた情報。
O（客観的情報）	現段階での収集した事実・データに基づく情報	「障害者手帳3級を所持している」「心療内科に月2回通院している」「預貯金がなく、老齢年金しか収入はない」といった情報。
A（アセスメント）	主観的情報と客観的情報を踏まえて、考えられる問題について分析したもの	「眠れない、やる気が起きない」という主観的情報があり、「心療内科に月2回通院しているが中断しがち」という客観的情報があったとして、これらの情報から、「うつ傾向が強く、症状の悪化の可能性がある」とアセスメントする。
P（プラン）	アセスメントの内容を踏まえて、個別支援計画を考え、利用者に対して根拠に基づく、よりよい支援を実践するもの	利用者から服薬状況や、やる気が起きないことで生じている生活上の困難などを聴き出し、心療内科への通院同行、あるいは本人の了解を得たうえで、通院先の病院のケースワーカーへの連絡など、根拠に基づいてソーシャルワーカーが実行する支援。

この内容はSOAPのどこに記録するのが適切か考えてみましょう。

SOAP	
	①今日は「体がだるい」と利用者が言っている
	②「体がだるい」と利用者が言い、表情もきつそうにしている。どこか病気があるかもしれないとソーシャルワーカーとして考えた
	③利用者は高血圧症という病気があり、服薬を続けている、と主治医が言っている
	④ソーシャルワーカーとして利用者に主治医への受診を勧めるとともに、主治医に状況を伝える

6 バイオ・サイコ・ソーシャル

ソーシャルワーカーは、利用者の身体的側面（バイオ）、心理的側面（サイコ）、社会的側面（ソーシャル）の3つの側面の相互作用に着目して支援します。これら3つは別々ではなく、関係しています。

次の、子育て負担感を抱える母親のケースにおいて、どの側面がどの側面に影響しているか答えましょう。

例）親族と疎遠で地域社会でも孤立しているために、子育て負担が集中して精神的に病んでいる場合	社会（ソーシャル）	⇒	心理（サイコ）	に影響
①精神的に病んで、体調を崩し、さらに服薬で体調を悪化させる場合		⇒		に影響
②体調が悪いので休みの日は外に出ず、寝ているので、さらに地域で孤立していく場合		⇒		に影響
③支援により母親が親族や地域とのつながりを取り戻し、いろんな人と関わっていった結果、今まで自分が囚われていた子育てに関する思い込みや強烈なストレスから解放された場合		⇒		に影響

実習記録を書くときも、ただ断片的にバラバラの情報を載せるのではなく、それらの情報がどのように影響し合い、関係しているかを意識して分析を書くと、実習指導者からも高度な返答が返ってきて、よりよい実習になるでしょう。

まずはたぬきの観察記録をとってみるといい。きっとあなたも目覚めるだろう。

第15章 見学実習の意義と準備

実習の前には見学実習（現場体験実習などともいわれる）を行います。社会福祉の現場を見学し、利用者とのコミュニケーションをとることにより、利用者の特性、機関や施設の役割、ソーシャルワーカーの役割などを学びます。

1 見学実習の目的

見学実習の目的は、実習前に社会福祉の現場を見学し、体験をすることで、利用者にどのようなニーズがあるのか、施設や機関にはどのような役割があるのか、また現場の方はどのような仕事をしているのかを学ぶことです。

しかしもう一つ目的があります。それは実習生が自分の適性を考えることです。実習生は国家資格の取得を目指す以上、制度で決められた範囲で実習を行わなければなりません。なかば義務感で行く人もいるかもしれません。しかしお世話になる機関や施設は、利用者にとっての生活の場であったり、集いの場であったりします。例えば、あなたが特別養護老人ホームの利用者だとします。そこに、資格取得を目指すだけで、何も調べてこない、やる気のない学生がやってきたらどう思いますか。あなたは嫌な気分になるでしょう。単に資格取得だけが目的ということは、自分の都合でしかないのですから、利用者への配慮が不足しかねません。したがって、何のために、どのようなソーシャルワーカーになりたいかという目標が定まっていないといけません。目標をもち、そのための準備を主体的に行い、誠実に活動できるかどうかは、専門職としての適性の問題でもあります。

目標はしっかりと定まっていて、やる気もあるが、実際に見学実習に行くと自分が考えていた仕事とは違うと気づき、「自分には社会福祉の仕事は無理だ、適性がないのだ」と思う場合もあるでしょう。逆に「やっぱりこの仕事は自分が目指すべきものだ」とあらためて思う場合もあるでしょう。見学実習ではそのような適性についても自身で測ってほしいと思います。

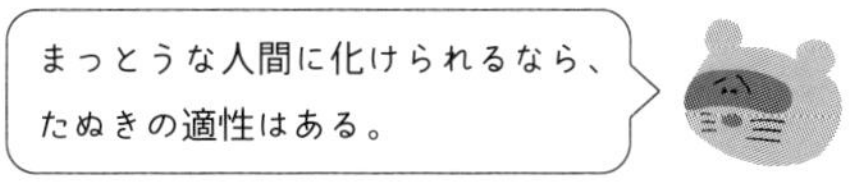

まっとうな人間に化けられるなら、
たぬきの適性はある。

2 見学実習までの流れ

見学実習では、実習先の希望調査が行われる場合があります。自身が行ってみたい実習先へ希望を出すことになるのですが、その際、次年度のソーシャルワーク実習でどの分野（高齢、障害、児童、医療など）にするか、あらかじめ考えておきましょう。なぜなら、現在の日本の社会福祉士はジェネラリストだからです。特定の分野だけに精通するのではなく、支援の対象として幅広く対応できることが求められるからです。

まだ実習先が決まっていないなら、見学実習の分野と異なる分野を実習で体験するという考え方もよいでしょう。例えばソーシャルワーク実習で高齢分野と障害分野で240時間の実習を考えていれば、見学実習は児童分野や医療分野にしたほうが幅広く体験できます。また、ソーシャルワーク実習で福祉事務所や地域包括支援センターといった機関（フィールド）を希望している場合は、見学実習で特別養護老人ホームや児童養護施設などの施設（レジデンシャル）に行くという分け方も有効です。

見学実習の前に、実習先についての事前学習を行います。見学実習では、実習先によっては複数の学生で実習に行く場合もあるため、事前学習もグループでの取り組みになります。機関・施設の根拠法、理念、職員構成、入所者の特性、併設している事業所などをインターネットや文献で調べます。そしてそれを実習生同士で発表し、互いに理解を深めます。

見学実習のために、まずは養成校側のルールをしっかり理解しておきます。そのうえで、見学実習の１～２週間ほど前に実習担当者へ電話をし、挨拶をしたうえで、実習に関する確認をしましょう。その際、養成校側のルールについて説明できるようになっておく必要があります。

ソーシャルワーク実習の前に見学実習に行くとして、その見学実習のために見学に行くとして……ん？　でもその見学にちゃんと行けるかどうか見学して……いやでもその見学のための見学にも行って…………ん？　…………見学って………何？

落ち着きなさい。

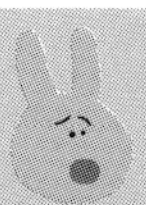

見学実習までに確認すべきことを整理し、表を埋めましょう。

見学実習までに確認すべきこと	確認したこと
通勤方法（自動車に関するルール含む）	
集合時間と待機場所	
所持品管理	
提出する書類	
実習記録の執筆と提出に関するルール	
当日の服装と準備物（上履きや昼食など）	
必要経費（交通費、食費、その他の費用）	
災害や感染症に関するルール	
体調不良などで欠席する場合の連絡方法	

実習先に提出する全ての書類については、必ずコピーをとっておきましょう。

3 見学実習時の諸注意

見学実習では、機関・施設に関する講義を受ける場合があります。担当する職員の方は忙しいなか、実習生のために貴重な時間を割いてくれるのです。礼儀作法を意識し、しっかり聴いてください。決して居眠りしてはいけません。そのため、実習期間中は早寝早起きを心がけましょう。

また、現場に配属された場合、職員に同行して見学することが一般的です。職員の指示に従って行動するようにしてください。素直な態度が大切です。

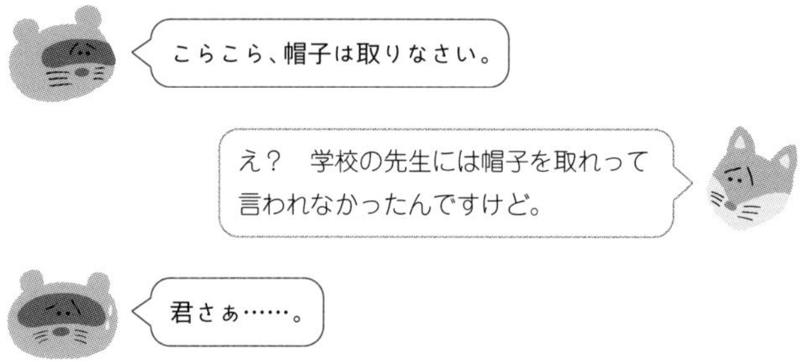
こらこら、帽子は取りなさい。
え？　学校の先生には帽子を取れって言われなかったんですけど。
君さぁ……。

私語は厳禁です。それは休憩時間も同様です。休憩時間は何をしてもいい時間ではありません。スマートフォンも実習時間中は電源を切っておきましょう。休憩時間は午前中にあった出来事を振り返り、それをメモしておきましょう。実習生の待機場所（控室）の周辺には、勤務中の人や、利用者、ボランティアなど、他の人がいる場合もあります。そのような方への配慮も大切です。

見学実習で書いた記録は、可能であればコピーをとっておきましょう。実習先からそれらが返却されるまでに時間がかかる場合があるからです。

見学実習は短い期間ですが、貴重な時間にしてほしいと思います。そのために、目標を見定め、なるべく早く準備に取りかかることが大切です。ただ単に「資格が欲しい」だけでは通用しないことを意識しましょう。

実習先でたぬきを見たときも見学にとどめておき、実習に集中しなさい。

第16章 見学実習のふりかえり

ここでは見学実習の「ふりかえり」を行います。見学実習で得られた学びをソーシャルワーク実習に活かすため、「やっと終わった」と安心せずに、今後につながる「ふりかえり」をしましょう。

1 個人でのふりかえり

以下のワークにより、事前学習で漏れていた情報が見えてくるでしょう。そこから、ソーシャルワーク実習に向けての課題が分かるでしょう。

見学実習前に調べた資料と、見学実習中にとったメモや配付資料を照らし合わせて、見学実習の前後でどんな違いや気づきがあったのかを書きましょう。

見学実習中にとったメモや配付資料と、実習記録を見直し、自分の行動や姿勢について、よかったと思うこと、これからの課題だと思うことを書きましょう。

2 グループでのふりかえり

見学実習についてのふりかえりを全員で行う場合、59ページの2つのワークでまとめた内容を発表します。見学実習で学んだことと、今後のソーシャルワーク実習に向けての課題について簡潔に発表しましょう。

発表のあとは質疑応答を行います。あらかじめ、想定される質問に返答できるよう、準備が必要です。同じ見学実習先だったメンバーがいる場合は、情報交換と調整を行い、グループ発表とするのもよいでしょう。

質疑応答を通じて、他の学生や実習担当教員からのフィードバックを受けて、それを自己覚知と他者理解につなげていきましょう。

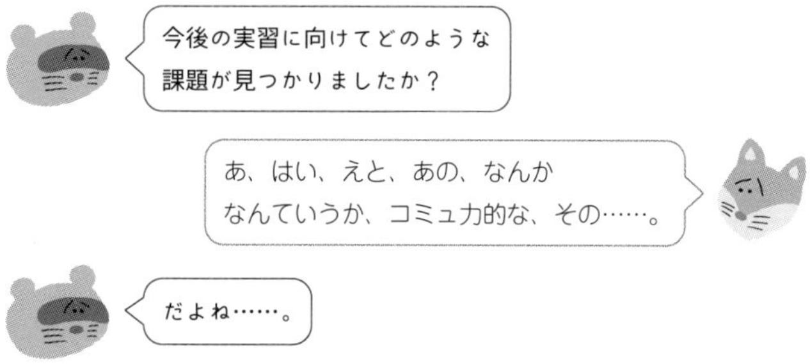

見学実習そのものは短い期間でしょう。しかし事前学習と事後学習を含めるとかなりの時間になります。そのなかで何を学び、ソーシャルワーク実習へどうつなげていくかによって、実習の成果も大きく変わってくるでしょう。

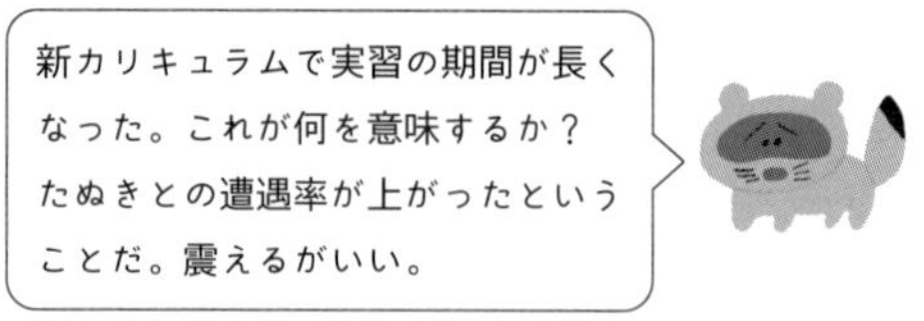

新カリキュラムで実習の期間が長く
なった。これが何を意味するか？
たぬきとの遭遇率が上がったという
ことだ。震えるがいい。

第17章 実習先の理解①　事前学習の方法

実習先の機関・施設は、ある日、突然できたものではありません。世界の、そして日本の長い歴史のなかで、事情があってさまざまな社会福祉の事業が登場し、制度化されてきたのであって、そして現在、実習先の機関や施設も社会福祉の事業に参画しているのです。

実習先の機関・施設がどのような法や制度のもとで、どのような役割をもっているのかを学習したうえで、社会福祉の業界の一員としての自覚を深めていきましょう。

1 実習先の何を調べるのか

実習先の事業所に関して、次の10点を丁寧に識別して、調べておくことが望ましいでしょう。

❶事業所の根拠法上の名称（「○○学園」などではなく、「児童養護施設」「救護施設」など）
❷事業所をもつ法人の種類と法人名（○○法人××）
❸法人のもつ全ての事業所
❹法人および事業所の沿革（歴史）
❺法人および事業所の理念
❻法人および事業所に配置されている専門職やスタッフ
❼事業所の組織構造
❽事業所の主な利用者
❾事業所の主な連携先
❿事業所のある地域と社会資源

上記のうち❶から❸は第18章　実習先の理解②　「現場」の概念整理と第19章　実習先の理解③　法人マップを描くで行います。❹から❺は第20章　実習先の理解④　歴史と理念、❻から❾は第21章　実習先の理解⑤　組織・専門職・利用者、❿は第22章　実習先の理解⑥　地域と社会資源で学習します。

2 インターネットで調べる

実習先について調べるにあたって、最も容易な方法が実習先のホームページを確認することです。ホームページには法人の理念、歴史、さまざまな事業所、組織図など、基本情報が公開されているでしょう。

ただし、長らく更新されていない場合は、実態と異なる場合があります。また、公式サイトや公共機関のサイト以外の情報の場合は、信用性の問題があります。

調べる際は、事業所の定款（ていかん）や事業計画のほか、地方公共団体の福祉分野の行政計画についても確認しておきたいところです。

■定款

定款とは、その機関・施設を運営していくためのルールをまとめたものです。それぞれの機関・施設の定款を確認することによって、どのような目的で設立され、どのような事業を行い、どのように組織が運営されるのかが分かります。

インターネット上で公開されていることがあるほか、事務室に飾ってあったり、パンフレットや報告書、出版物に記載されている場合もあります。

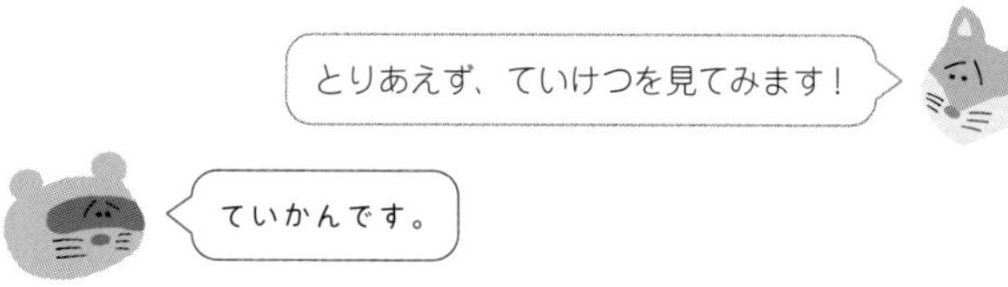

とりあえず、ていけつを見てみます！
ていかんです。

■事業計画・行政計画

事業所は定款とは別に、年度ごとに事業計画をつくっていますので確認しましょう。行政機関の場合は定款ではなく、福祉分野の行政計画を見ます。地方公共団体では法に基づいて「地域福祉計画」「高齢者保健福祉計画」、「障害福祉計画」や「障害児福祉計画」、「子ども・子育て支援事業計画」などの行政計画が策定されています。これらにより、実習先の地域の現状や行政機関の目標などを知ることができます。策定された計画は冊子化されていることもありますし、インターネットで公開されていることもあります。

地方公共団体の策定する計画は、社会福祉法人やNPO法人などの民間の事業にも影響を与えますので、民間に実習に行く場合も、できれば確認しておきたいところです。

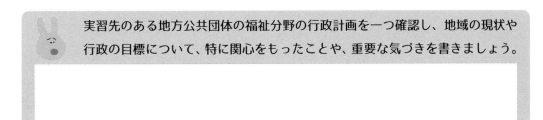

実習先のある地方公共団体の福祉分野の行政計画を一つ確認し、地域の現状や行政の目標について、特に関心をもったことや、重要な気づきを書きましょう。

3　刊行物などで調べる

パンフレット、報告書、「○○通信」や「○○便り」といった刊行物、広報誌、また記念誌やテキストなどの出版物を用いて調べることも有効です。

その時期ごとの状況が詳細に分かるほか、インターネット上に公開されていないさまざまな実践やアイデアを知ることができます。インターネット上に公開された資料をより詳細に述べた冊子などもあるかもしれません。

4　インタビューによって調べる

このほか、その実習先で勤務、アルバイト、ボランティアをしている在学生や卒業生にインタビューするという手もあります。しかしながら、個人情報の保護の観点から、必ずしも期待どおりにいかないかもしれません。実習担当教員の助言を受けながら進めましょう。

このほか、フィールドワークを行うことも有効ですが、これは第22章　実習先の理解⑥地域と社会資源で学習します。

ちなみに環境省は市民参加型の調査でたぬきの分布などを扱っている。
が、実習では特に調べなくてもいい。たぬきはどこにでもいる。

第18章 実習先の理解② 「現場」の概念整理

この章では、実習先に関して、法律上の名称、法人の種類、法人が抱える事業所、行政か民間か、レジデンシャルかフィールドかという分類について学習します。

実習先に関する基礎知識として、しっかりとその特徴をつかみましょう。

1 根拠法に示された法律上の名称

児童家庭支援センターを例にしましょう。児童家庭支援センターの根拠法は児童福祉法です。児童福祉法に「児童家庭支援センター」という言葉で書かれています。まずはこの法律上の名称を覚えましょう。

例えば、あなたの実習先が児童家庭支援センターで、その事業所の名称が「たぬきっず相談センター」だったとします。しかし「たぬきっず相談センター」はあくまでその事業所に限った名称です。

実習先の法人の種類は何か分かる？

え、福祉の現場なんだから社会福祉法人じゃないんですか？

いや、それ以外にもNPO法人や医療法人、自治体直営の事業所などもあるよ。

そういえば自分の実習先は「たぬき総合」って法人だった気が……。
そうか、だから「たぬき総合法人」か！

法人の名前（たぬき総合）と種別（社会福祉法人）を混同してはいけない。

2 法人の種類

社会福祉に関係する「法人」とは、人間ではないものの、人間と同様に権利や義務をもって活動できる機関や施設のことです。要するに機関や施設を人間と同じような主体として扱うということです。例えば、地方公共団体（○○県や○○市など）も「法人」です。Aさんが B さんを裁判で訴えることができるように、A さんが○○市を訴えることもできます。

法人にはたくさんの種類がありますが、ここでは社会福祉の現場に多い、地方公共団体、社会福祉法人、NPO 法人、医療法人、株式会社について簡単に説明します。

■公法人

○○県や○○市などの地方公共団体を「行政機関」ともいいますが、これも公法人や公共法人などといわれる法人の一つです。他にも独立行政法人と特殊法人があります。

■社会福祉法人

公益性の高い社会福祉事業を目的とする非営利の法人です。税が優遇される反面、設立に厳しい条件があり、行政のチェックも厳しくなります。社会福祉法に規定されています。

■NPO法人（特定非営利活動法人）

保健、医療、福祉、環境など、法律で決められた公益性の高い活動を目的とする非営利の法人です。税の優遇がありますが、社会福祉法人ほどではありません。特定非営利活動促進法に規定されています。

■医療法人

病院や診療所、また介護老人保健施設などを開設しようとする法人です。税の優遇があります。医療法に規定されています。

■株式会社

営利を目的とする法人のうちの一つです。デイサービスやグループホーム、老人ホームなどの運営が可能です。上記の４つと異なり、株主の利益を追求し、株主に利益を分配します。営利目的なので、利益をあげることが重視されます。会社法に規定されています。なお、株式会社以外の営利法人もあります。

3 法人内の事業所

さて、実習先の法人が分かれば、その法人の中にどのような事業所があるかを調べておきましょう。実習では１つの事業所だけでなく、同じ法人内の別の事業所でも実習を行う可能性があるからです。

下の図を見てください。実習先の法律上の名称が児童家庭支援センターで、その事業所名が「たぬきっず相談センター」だとします。その事業所を抱えている母体の法人が「社会福祉法人たぬき総合」です。この社会福祉法人は、他にも児童養護施設の「たぬき園」、放課後等デイサービスの「やる気・元気・たぬき」を抱えています。また、法人の外部の連携先もあります。このように、実習先の１つの事業所だけを見ていればいいのではなくて、マップを描いて、幅広く理解しておく必要があります。

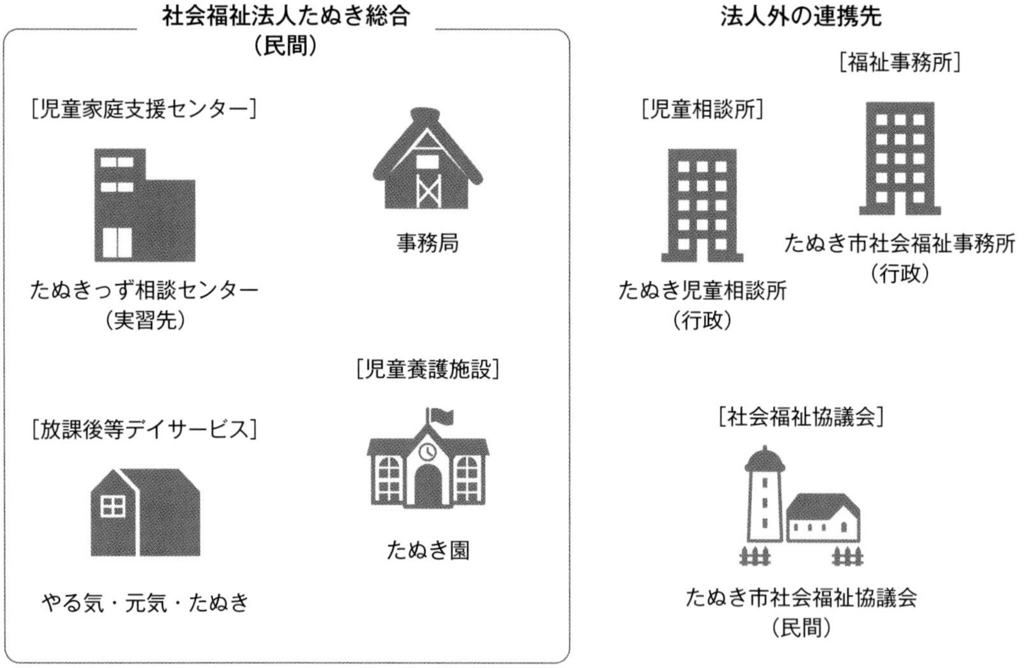

4 行政機関か民間か

「行政か、民間か」という区分についてもあらためて確認しておきましょう。○○県や○○市などの地方公共団体は公法人で、行政機関です。ここの正規雇用の人は公務員で、税金で働いています。そのほかは民間です。社会福祉法人も、NPO 法人も、医療法人も、株式会社も、民間です。

ただし、行政機関の仕事を民間に任せる「委託」という場合があります。例えば、社会福祉協議会は社会福祉法人で、民間ですが、その多くの仕事は行政機関からの委託です。

あなたの実習先がどんな法人なのかは調べてみないと分かりません。例えば、地域包括支援センターは、○○市などの公法人が行う場合もあれば、委託された民間のNPO法人が行う場合もあります。また病院も、○○市などの公法人が行う場合もあれば、同じ公法人でも独立行政法人だったり、あるいは民間の医療法人であったりします。

実習先について、以下の表を埋めましょう。

実習先情報	
根拠法上の名称	
法人の種類	
法人名	
法人内の他事業所	
行政か民間か	

5 レジデンシャルとフィールド

法律上の区別ではありませんが、専門職養成の慣行として実習先を２つに分ける方法もあります。

①「フィールド」「機関」「相談援助機関」などと呼ばれるものです。相談援助がメインであり、地域のさまざまな機関や施設を広くつないでいる現場です。
例えば、福祉事務所、児童相談所、婦人相談所、社会福祉協議会、地域包括支援センターがそれです。

②「レジデンシャル」「施設」「生活型福祉施設」などと呼ばれるものです。介護や保育など、ケアの現場がメインですが、相談援助を行っている場合もあります。
例えば、特別養護老人ホーム、児童養護施設、救護施設などがそれです。

6 実習に向けて

ソーシャルワーク実習の実習時間は合計 240 時間です。その時間や実習先の種別の組み合わせはさまざまな可能性があります。ジェネラリスト・ソーシャルワークの観点から、レジデンシャルとフィールド、また児童・高齢・障害・医療などの分野をあえてずらしてみるのも有効です。例えば、ソーシャルワーク実習Ⅰ（60 時間）をレジデンシャルである特別養護老人ホームで、ソーシャルワーク実習Ⅱ（180 時間）をフィールドである児童相談所で行う場合がそれです。

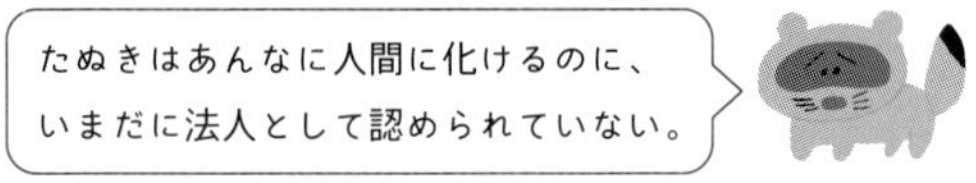

たぬきはあんなに人間に化けるのに、
いまだに法人として認められていない。

第19章 実習先の理解③　法人マップを描く

前章では、実習先に関して、法律上の名称、法人の種類、法人が抱える事業所、行政か民間か、レジデンシャルかフィールドかという分類について学習しました。この章ではいよいよ、実習先の機関・施設について調べ、概念整理のためのマップを描きます。

一法人一施設という場合もありますが、一つの法人が複数の施設を運営していることも少なくありません。また、別法人の教育機関と社会福祉の施設が連携している場合や、宗教団体が母体となって複数の法人がグループ化している場合もあります。法人ごとに異なるので注意深く整理しましょう。

行政機関の場合は、設置者や主な連携先について調べておきましょう。

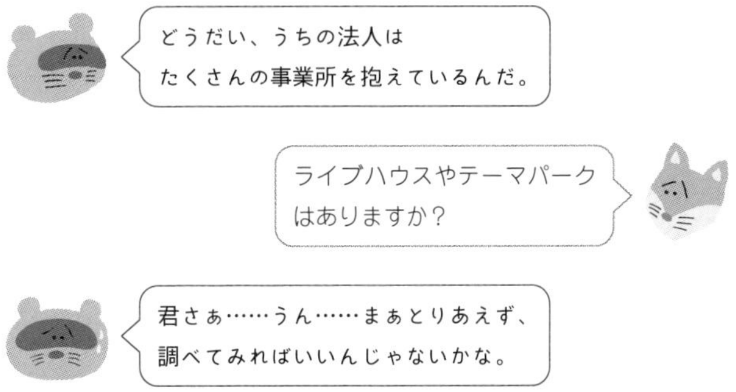

どうだい、うちの法人はたくさんの事業所を抱えているんだ。
ライブハウスやテーマパークはありますか？
君さぁ……うん……まぁとりあえず、調べてみればいいんじゃないかな。

それでは、次のワークでマップを描きます。

以下の情報が書き込まれるように図式化しましょう。完成イメージとしては、66ページの図のようなものをイメージしてください。

(1) 実習先の事業所と、同じ法人内の他の事業所を、整理して記入しましょう。

(2) 実習先で連携することがある他法人の事業所についても、整理して記入しましょう。

(3) 記入したそれぞれの事業所について、「児童養護施設」や「福祉事務所」など、根拠法上の名称も書き込みましょう。

マップというのは、いざ描き始めてみると、位置を調整したり、調べるのに時間がかかったりして、思ったよりも難しいものです。複数のメンバーで描くことをおすすめします。

実習先について、前章の図とワークを参考に、関係図を描きましょう。

さすがのたぬきでも、複数の事業所を束ねる
法人に化けたという話は聞かない。

第20章 実習先の理解④　歴史と理念

この章では、実習先の歴史と理念について調べます。ここでも「現場」概念の区別が重要です。

1 事業の歴史、法人の歴史、事業所の歴史を区別する

実習先の歴史と理念について調べるうえで重要なのは、実習先の現場で行われている事業そのものの歴史と、法人の歴史と、実際に実習に行く事業所（機関・施設）の歴史は別だという点です。これを区別しながら調べましょう。例えば、「たぬき市地域包括支援センター」について調べる場合で考えてみましょう。

まず日本の社会福祉の歴史において「地域包括支援センター」という機関がどのような背景で登場したのかを調べます。

次に、実習先の「たぬき市地域包括支援センター」を運営している法人「地域福祉ネットワークたぬき」について調べます。この法人は他にも複数の事業所を運営している可能性がありますね。

最後に、実際に実習に行く施設である「たぬき市地域包括支援センター」について調べます。どのような時代・社会の背景があって、その事業所が誕生したのかを知りましょう。

まずこれら３つを識別したうえで、表を埋めましょう。

歴史	
日本の社会福祉の歴史におけるその事業	
実習先の事業所をもつ法人の歴史	
実習先の事業所の歴史	

2 理念について調べる

次に、実習先の理念について調べます。理念とは、どのような目的や思いでその活動をしているかを示すもので、極めて重要なものです。まずはその機関・施設の根拠法を調べます。法律の第１条からしばらくは、全体の目的や理念、定義が書かれていますので、確認します。そして、実習先の機関・施設についての条文を確認します。例えば実習先が「たぬき婦人相談所」の場合は、婦人相談所の根拠法である売春防止法の第１条に目的が書かれ、第34条に婦人相談所について書かれています。

次に実習先の法人や機関・施設の理念を調べます。実習先の機関・施設は母体となる法人の中に含まれているので、法人の理念と同じかもしれません。しかしながら、同じ法人でも障害者の就労支援、障害者の入所施設、保育所とでは、機関・施設の性質が異なるので、個別に理念が説明されている場合もあるでしょう。

まずこれら３つを識別したうえで、表を埋めましょう。

理念	
その事業の根拠法上の目的や理念	
実習先となる事業所をもつ法人の理念	
実習先の事業所の理念	

たぬきの歴史は古く、奈良・平安時代にはすでに菩薩に化けている。

第21章 実習先の理解⑤　組織・専門職・利用者

この章では、実習先の組織と専門職、利用者の傾向を把握しておきます。

1 事業所の組織構造

事業所内部がどのような組織になっているかは、分からないことも多くあるでしょうし、隅々まで詳細に知る必要はないでしょう。ただ、公共機関の場合はある程度の組織図が分かる場合もあります。例えば児童相談所であれば、子どもの保護をする部署と判定をする部署が分かれているとか、一時保護所が併設されているといったことです。

民間の場合も大まかな組織図を理解しておくとよいでしょう。例えば、次の図は、ある障害者支援施設の組織図です。

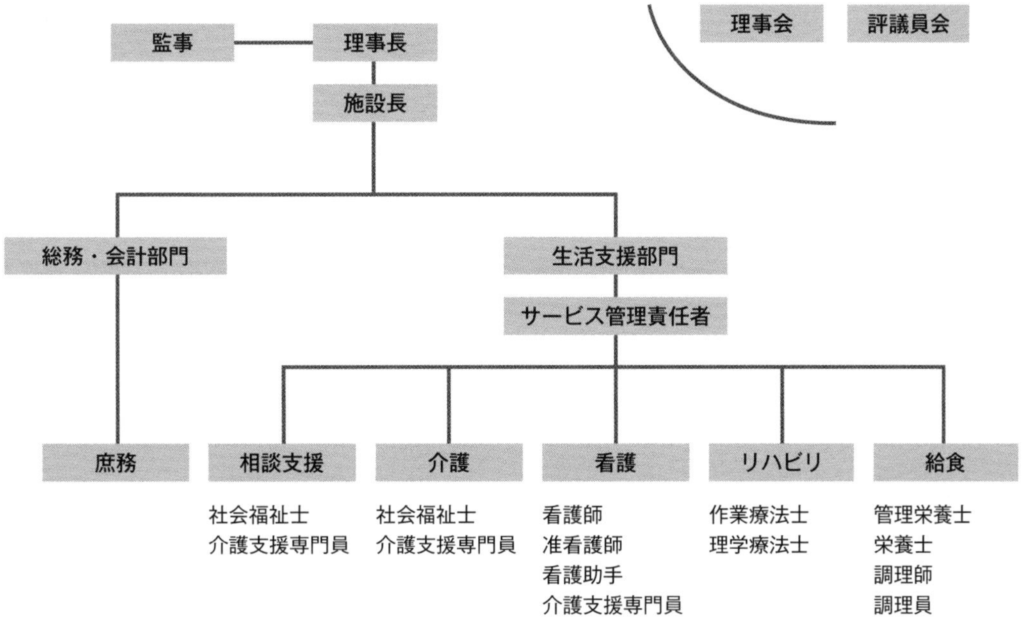

理事長と施設長はどう違うのでしょうか。また、サービス管理責任者とは何なのでしょうか。権利擁護としての苦情解決や事業所外での活動はどこが、どのように行っているのでしょうか。このほか、災害時など、命令系統を知っておくことが重要な場面もあるでしょう。

組織の構造や各部門と各スタッフが担っている役割をよく知っておくことが望ましいでしょう。

2 実習先の利用者像

次にその事業所にいる専門職と利用者について調べます。他の専門職やスタッフの方については、実習先で関わる方以外も含め、組織や連携先の全体を見渡して、予習しておくことが大切です。ソーシャルワークはチームプレイです。お互いがどのような専門性をもっており、どのような利用者に、どのように働きかけるのかを理解したうえで、支援に臨みましょう。

したがって、単に「障害者を対象としている」というのではなく、どのような年齢層の、どのような障害の程度や特性があり、どのようなニーズのある障害者なのかといった傾向も確認しておきます。また、利用者の関係者、つまり保護者、家族、後見人、学校や病院の関係者など、支援で関係する人々についても想定しておきましょう。

実習先の利用者が、どのような傾向をもっているか、どのような支援ニーズがあるかを調べられる範囲で書きましょう。

対象者と、その重要な関係者

利用者（場合によってはその関係者）の傾向

利用者（場合によってはその関係者）の支援ニーズ

たぬきの世界でも、阿波の六右衛門狸や佐渡の団三郎狸などは、配下に四天王を置くなどして、家族的な組織を築いている。

第22章

実習先の理解⑥　地域と社会資源

実習先についての基本的なことが明らかになりました。この章では実習先のある地域について確認しましょう。

1 地域について知ること

実習先が地域包括支援センターや社会福祉協議会、福祉事務所などの機関（フィールド系）への実習であれば特にその地域の実情について知ることが必要です。また、地域包括ケアシステムの構築が叫ばれている近年、特別養護老人ホームや児童養護施設といった施設（レジデンシャル系）への実習でも地域への理解は大切ですし、地域交流を意識することも大切です。

ここでは施設（レジデンシャル系）での実習を想定して説明します。地域交流として、生活相談員などのソーシャルワーカーは、地域内でネットワークを構築し、さまざまな企画を行い、交流を進めます。比較的新しい施設には、地域交流スペースを設けていることも珍しくありません。施設は入所者への支援のみでなく、その地域に対して施設の機能を開放し、多世代にわたる地域交流も求められています。施設は閉鎖的な空間になりがちなので、外の人からは、特別な場所、あるいは人権が守られない場所だと思われるかもしれません。そのため、施設をなるべく開放し、地域の方に理解してもらうことが大切です。その一つの機会がお祭りです。施設では夏祭りや文化祭、作品展示会、収穫祭などを行うことがあります。入所者と地域の方が同じ場所で飲んで食べて、歌って踊って交流する。そのような取り組みから交流と相互理解が深まっていきます。このようなことは国家資格を取得するための講義ではあまり触れられていませんが、重要なことです。特に地方では、各地の歴史に基づく地域文化が根強く残っており、その理解なくして地域交流は難しいでしょう。

近年、地域の少子高齢化もあって、夏祭りなどの開催が危ぶまれてきています。そこで、施設のさまざまな人が支援に回り、共催で夏祭りを開催していくことも少なくありません。このような取り組みに関わることもまた、レジデンシャル・ソーシャルワークの一つの役割です。その地域の歴史、文化、そして現状を確認しておくことが、実習前の事前学習として大切です。

2 地域の社会資源について知ること

その地域を考えるうえで考えてほしいのが、利用者が使える地域の社会資源です。「社会資源」は、施設や機関といった物理的なもの以外にも、家族や友人との関係、お金、情報、知識など、さまざまなものが含まれます。社会資源については他の科目の復習をしておきましょう（「ソーシャルワークの基盤と専門職」「ソーシャルワークの理論と方法」など）。この章では物理的な社会資源に着目して述べます。

例えば、地域の要介護状態にある高齢者が利用する特別養護老人ホームが実習先だとどうでしょうか。特別養護老人ホームなどの施設は、人里離れた地域にひっそりと建てられた時代もありましたが、現在は多くが市街地にできています。市街地には、高齢者の生活に直結する社会資源として、コンビニやスーパーなどの商店、映画館などの娯楽施設、飲食店、病院、公共機関（市役所や警察署、消防署など）、公共交通機関、学校、ドラッグストア、宅配サービスなど、さまざまなものがあります。特別養護老人ホーム自体もその一つです。以上は物理的な社会資源の例の一部にすぎませんが、それだけでもさまざまな生活の可能性が考えられるでしょう。その人のニーズによって、必要な社会資源はさまざまです。

確かにたぬきは癒やしになる資源だが、たぬきの肉や
毛皮は動物福祉の観点から決して資源としてはいけない。

3 地域の実態を示す統計や行政情報

実習先の地域の実態を調べるには、まずはその地域の自治体のホームページで公開している統計資料をあたりましょう。

このほか、政府統計も有用です。e-Stat（下記参照）をうまく用いれば、「保育所等数」や「母子世帯数」など、さまざまな地域の情報を知ることができます。

e-Stat（政府統計の総合窓口） https://www.e-stat.go.jp/

4 フィールドワーク

本実習に向けて地域の社会資源を理解するために、実際にその地域に行ってみること（以下、フィールドワークとします）が最適です。正確な情報が得られる学習となります。

その際、いきなり手ぶらで行くのではなく、事前にその地域の白地図を用意しておきましょう（インターネットで調べて、その地域の白地図をプリントアウトしておくなど）。そし

て、メモ帳とペンを持って実際にその施設周辺を歩きます。そして利用者の生活に直結する社会資源がどこにどれだけあるかをチェックします。また、自然災害に備えて、一時避難場所や公衆電話の場所なども併せてチェックします。さらに、その地域を歩いているときにすれ違った人の年齢などの傾向、道路の交通量、歩道の歩きやすさ、道の勾配、公衆トイレや休憩スペース、自動販売機などもチェックします。できることなら朝、昼、晩と時間帯を分けてチェックすることで、その地域の特徴が見えてきます。要するに暮らしやすさを考えながら歩くのです。その後、メモ帳の情報を白地図に転記し（それぞれ気になった情報も含めて）、オリジナルの地域情報マップを作成します。そのマップを基に、実習先である特養（特別養護老人ホーム）が、その地域に対してどのような役割を持つのかを想像してみましょう。そこに地域交流のヒントが隠されているのです。

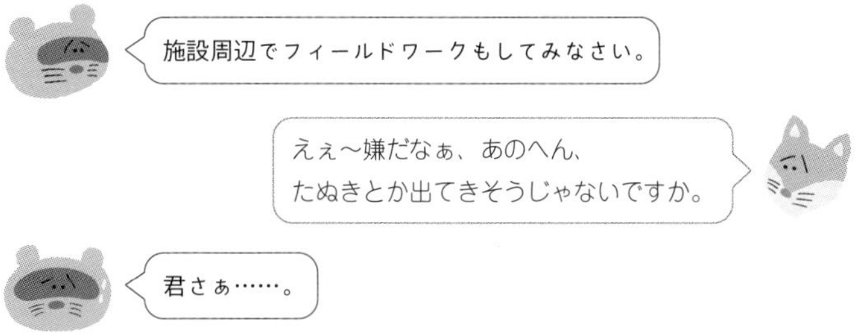

施設周辺でフィールドワークもしてみなさい。
えぇ〜嫌だなぁ、あのへん、
たぬきとか出てきそうじゃないですか。
君さぁ……。

5 実習に行くにあたって

養成校でこれまでの講義や演習で学んだ、ソーシャルワーカーによる「社会資源の開発」機能についても復習してみてください。

文献やフィールドワークによってその地域の課題がなんとなく見えてくれば、さまざまな社会資源の必要性に気づくはずです。そのようなとき、ソーシャルワーカーとしてどう関わったらよいか。そこで「社会資源の開発」に関わっていくことになります。自分なりにイメージし、検討して、実習のときに実習指導者と一緒に考えるのもいいかもしれません。常に、支援にあたって何が必要で、ないものはどう用意するかを考えていくことは、社会福祉士が地域支援する際に重要な視点です。

実習先の地域を調べるにあたって、次のワークに取り組みましょう。

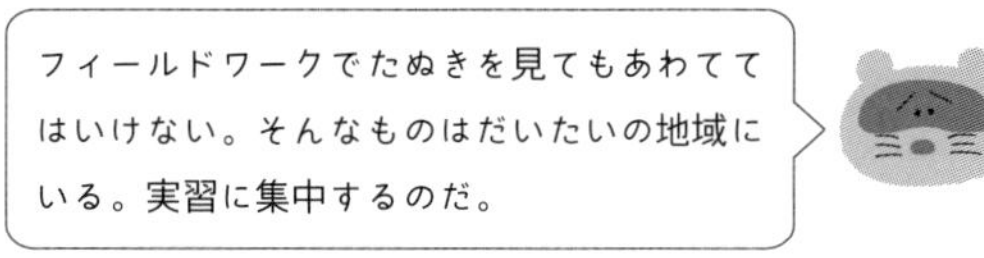

フィールドワークでたぬきを見てもあわてて
はいけない。そんなものはだいたいの地域に
いる。実習に集中するのだ。

実習先の地域の状況について、調べて分かったことを書きましょう。

①実習先のホームページや出版物から分かること

②その他のインターネット情報から分かること

③実習先の周辺地域のフィールドワークから分かること

④実習前に、実習生として得られた考え

第23章 実習プログラム

この章では、実習生が実際に行う実習の内容について実習先が作成する計画である実習プログラムについて学習します。

1 実習プログラムとは

実習プログラムとは「実習に関する予定表・計画表であって、実習期間内にどのような順序や流れで体験し、学ぶものかを実習項目として明記したもの」*とされています。この日のこの時間にはここでこれを経験するというスケジュールのようなものです。

実習プログラムは実習先が作成し、実習生に渡されますが、事前に提出した実習計画書の内容が反映されているかもしれません。内容を確認後、不明な点は質問するなどして確認し、必要な準備をしましょう。

2 実習プログラムの内容

実習プログラムは、かつての「勉強になれば何でもあり」「あれもこれも」という時代から少しずつ変わってきており、ある程度の枠組みがつくられてきました。例えば以下の図を見てみましょう。「職場実習」「職種実習」「ソーシャルワーク実習（SW 実習）」の 3 つに分かれています。これは新カリキュラムに関する行政文書等でははっきりと提示されていませんが、実習の枠組みとしてわかりやすいので、提示しておきます。

職場実習	職種実習	SW 実習
法人や事業所の理念、利用者の状況、専門職やその他スタッフ、援助の方針、経営や管理の方法など、実習先の組織について理解する。	職場での社会福祉士のさまざまな役割を把握し、訪問、面接、支援計画の作成など、社会福祉士としての、主に相談援助の仕事について理解する。	ネットワーキング、社会資源の開発、ソーシャルアクション、調査研究、啓発事業など、相談援助の枠組みを超えたソーシャルワーカーとしての仕事を理解する。

公益社団法人日本社会福祉士会編（2014）『社会福祉士実習指導者テキスト　第 2 版』（中央法規）p.147 の図表 3-1 を参考に筆者作成。

＊公益社団法人日本社会福祉会編（2014）『社会福祉士実習指導者テキスト　第 2 版』（中央法規）p.145 より引用。

SW 実習……SW……スター……ウォーズ……実習？

そんな実習やると思う？

また、ソーシャルワーク実習は、厚生労働省が「教育に含むべき事項」として定めたものを参照して行われます。したがって実習プログラムにもこれが反映されていると考えられます。

次ページのプログラム例は、ある施設で180時間を想定して実際に使われていた実習プログラムです。このプログラムを参考に以下のワークにも取り組みましょう。

以下の項目①～⑩は厚生労働省の示したソーシャルワーク実習の「教育に含むべき事項」を簡略化したものです。①～⑩が次ページの実習プログラム表のどこにあたるかを確認して、日付の横の（　　）に示してみましょう。

①利用者やその関係者、地域の方とのコミュニケーションや円滑な人間関係の形成

②利用者やその関係者（家族・親族・友人等）との援助関係の形成

③利用者や地域の状況の理解、生活問題やニーズの把握、支援計画の作成と実施と評価

④利用者やその関係者への権利擁護活動とその評価

⑤多職種連携とチームアプローチの実践的理解

⑥実習先が地域社会の中で果たす役割の理解と、具体的な地域社会への働きかけ

⑦地域での、分野や業種を超えた関係づくりと社会資源に関する理解

⑧機関や施設の、経営やサービスの管理運営の実際（チームマネジメントや人材管理も）

⑨社会福祉士としての職業倫理と組織の一員としての役割と責任の理解

⑩ソーシャルワーク実践に求められるさまざまな技術の実践的理解（アウトリーチ、ネットワーキングコーディネーション、ネゴシエーション、ファシリテーション、プレゼンテーション、ソーシャルアクション）

このほか、上記に基づいて、ソ教連（一般社団法人 日本ソーシャルワーク教育学校連盟）が示しているソーシャルワーク実習の19個の「達成すべき項目（達成目標）」*があります。それらを実習プログラムと照らし合わせて、自分の実習の特徴を理解することも有効でしょう。

＊「付録１　実習指導ワークシート」の「達成目標」の欄を参照。

実習プログラム表（例）

項目	月	火	水	木	金	土	日
		○月2日（　）	○月3日（　）	○月4日（　）	○月5日（　）	○月6日（　）	○月7日（　）
午前		・施設案内 ・オリエンテーション（法人と施設の概要、実習記録）	・研修（知的障がい、その他の障がい特性）	・研修（支援員の業務、社会福祉士の倫理、個人情報保護）	・研修（財務諸表等の会計書類、社会福祉充実計画等）		
午後		・オリエンテーション ・日中活動・生産活動支援の見学	・日中活動・生産活動支援の見学	・日中活動・生産活動支援	・日中活動・生産活動支援 ・巡回指導		
	○月8日（　）	○月9日（　）	○月10日（　）	○月11日（　）	○月12日（　）	○月13日（　）	○月14日（　）
午前	・研修（特性ごとの支援、知的障がい者の意思決定支援） ・日中活動・生産活動支援	・日中活動・生産活動支援 ・研修（他職種の業務、職種間連携、会議の種類やガバナンス強化）	・研修（接遇マナー） ・日中活動・生産活動支援	・研修（権利擁護、成年後見制度や利用状況、知的障がい者をめぐる選挙制度等） ・日中活動・生産活動支援	・研修（地域における公益的な取り組み、地域共生社会に向けた取り組み） ・日中活動・生産活動支援	・研修（生活介護以外の障がい福祉サービス、（自立支援）協議会の意義） ・地域の社会資源の調査・整理	
午後	・日中活動・生産活動支援 ・スーパービジョン	・日中活動・生産活動支援 ・買い物の場面での意思決定支援を実施	・日中活動・生産活動支援 ・アセスメントシートを用いた情報整理	・日中活動・生産活動支援 ・実習指導者等からの追加情報をもとにアセスメントシート修正	・地域の社会資源の調査・整理 ・巡回指導	・地域の社会資源の調査・整理 ・日中活動プログラム考案	
	○月15日（　）	○月16日（　）	○月17日（　）	○月18日（　）	○月19日（　）	○月20日（　）	○月21日（　）
午前	・研修（事業所内のリスクマネジメントと苦情処理） ・日中活動プログラム考案	・日中活動・生産活動支援 ・地域の社会資源に関する発表 ・日中活動プログラム発表	生活介護事業所のソーシャルワーカーの業務の観察	・援助場面のロールプレイ（バイステック７原則の意識的活用） ・個別支援計画の作成	・帰校日		
午後	・日中活動・生産活動支援 ・地域の社会資源の調査・整理 ・日中活動プログラム考案	・日中活動・生産活動支援 ・面接でのインフォームドコンセントの実践	生活介護事業所のソーシャルワーカーの業務の観察	・障害支援区分認定調査に同席 ・個別支援計画の作成			
	○月22日（　）	○月23日（　）	○月24日（　）	○月25日（　）	○月26日（　）	○月27日（　）	○月28日（　）
午前	・研修（障害者虐待防止についてのケーススタディ）	・出張所において利用者の働く現場の観察・体験	・特定の利用者の特性の整理 ・日中活動・生産活動支援 ・個別支援計画の作成	・日中活動・生産活動支援 ・特定の利用者の特性についての報告	・事例検討を通したチームでの課題解決 ・グループホーム訪問	・グループホーム訪問	
午後	・個別支援計画の作成 ・日中活動・生産活動支援 ・スーパービジョン	・特定の利用者の特性の整理 ・日中活動・生産活動支援 ・個別支援計画の作成	・特定の利用者への面接体験 ・日中活動・生産活動支援	・事例提供者として事例検討会議に参加 ・個別支援計画の作成を受けてのスーパービジョン	・巡回指導（グループホーム） グループホーム訪問	・誕生会で役割をもって参加	
	○月29日（　）	○月30日（　）					
午前	・グループホーム訪問	・日中活動・生産活動支援 ・実習中に体験した倫理的ジレンマの言語化					
午後	・グループホームに関する発表 ・グループホームに関する発表	・実習を振り返り、成功体験と課題を発表 ・スーパービジョン					

第24章

提出書類の確認

この章では、実習に行くにあたって、養成校や実習先に提出する書類について確認します。

実習前に実習先に事前訪問を行いますが、その前には必要な書類をそろえて、提出するべきものは提出し終わっておきましょう。提出の方法（手渡し、郵送、メールなど）も確認しておきましょう。

提出前に実習担当教員などからチェックと指導を受けなければならないものもありますし、健康診断を受けに病院に行く場合もあるでしょう。それらの時間も考慮する必要がありますので、確認したうえで、余裕をもって作成し、修正し、提出しましょう。

以下の表を埋めて、必要な書類を計画的に作成・提出しましょう。

必要な書類	入手場所	提出方法 （何をしてから、誰に、どうやって出すのか）	期限
個人票	例）学校のホームページで入手	例）写真を貼って○○課に提出	例）事前訪問の２週間前 （○月○日 17 時）
実習計画書			
誓約書			
健康診断書			
健康調査表 （実習前の体温等）			
腸内細菌検査			
事前学習課題			

細菌検査？　えぇ〜。
私たち獣なんて菌だらけですよ。

確かに……。

これらのうち、個人票はみなさんの養成校での状況を理解するための履歴書のようなもので、次章の第 25 章　個人票の作成で扱います。実習計画書は第 26 章　実習計画書①　実習計画書の意義と作成で扱います。

どのような書類の提出が求められるかは、養成校ごと、実習先ごとに異なりますし、また時代・社会の動向や、季節によっても異なります。

どの書類も、いつ、どこで入手し、いつまでに、誰に、どのように提出するのかを細かく確認しておきましょう。

ワークの例に挙げた書類例のほかにも、各種ワクチン接種に関する証明や校外活動に関する書類、保険に関する書類、実習費用等の支払いに関する書類などが必要かもしれません。さらに、養成校と実習先で異なる種類の誓約書や同意書があるかもしれません。

また、提出書類が確定したと思っていても、感染症の流行や実習先の事情、養成校の事情によって変更されることはありますので、実習関係の連絡は全て確認が必要です。

たぬきに化かされても文句を言わないという誓約書も
書いておいてほしいところだが、まあいいだろう。

第25章

個人票の作成

この章では、個人票の作成について確認します。個人票は実習生のことを知ってもらうための重要な書類です。

1 個人票作成の注意点

個人票は、実習生が本当にどのような人物であるかを知るための書類というよりは、常識の範囲内で自分の特徴を説明できているかどうかを知るための書類です。次に挙げるのは「個人票」に書く主な項目の例です。

「作成日」は個人票を作成した日を書きます。写真はサイズを確認したうえで、スーツで、黒髪で撮影します。「現住所」は現在、実際に住んでいるところです。住民票と同じとは限りません。また、「実習中の住所」は実習中にいる場所（例えば実家や親戚の家から実習先に通うのであればその住所）です。「帰省先」は実家等です。「健康状態」は「良好」と記載するか、不安があれば書き方について実習担当教員に相談しましょう。「施設・機関名」はその施設名で、根拠法に書いてある施設名等と区別したうえで書きます。

通勤方法（所要時間）の欄は「JR ○○駅～○○駅より徒歩」など、実際に行く経路を記載します。また、実際にその経路で実習先に行く場合の時間を記載しましょう。「実習先指導者名」は漢字などの書き間違いがないよう正しく記載しましょう。

2 性格と課外活動の欄

自分で気づきにくい長所・短所も意識できるよう、次のワークに取り組んで記載しましょう。

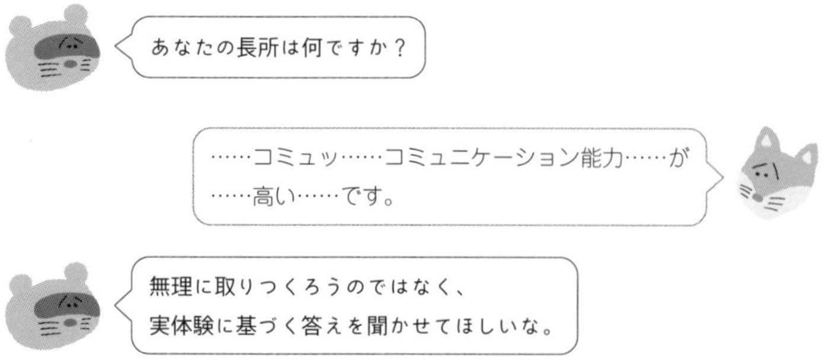

あなたの長所は何ですか？
……コミュッ……コミュニケーション能力……が……高い……です。
無理に取りつくろうのではなく、実体験に基づく答えを聞かせてほしいな。

自分で気づきにくい長所・短所も意識できるよう、自分を振り返って記載しましょう。

問い	自分で振り返って気づいたこと
これまでにどんなアルバイト、課外活動、ボランティア、サークル活動などをしてきましたか	
上の活動の中で楽しかった場面や印象に残っている場面は？	例）ゼミの出し物についてみんなで話し合っていたことが楽しい記憶として残っている
どんなことをしているときが楽しいですか、興味をもって活動できますか、負担なく活動できますか	例）何かを創ったり、絵を描いたりすることが楽しい
どんな活動やどんな役割をするときが不安になりますか、困ることが多いですか	
上の活動の中でどんな役割を担っていましたか、他人から頼ってもらった部分は？	
上の活動のどんな部分を周囲に頼っていましたか？	
私の長所	
私の短所	

阿波の楠藤兵衛というたぬきは人に化けるのは下手だったが火を使うのが得意で、たくさんの人を助けたのだった。学生諸君も長所を活かすのだ。

第26章 実習計画書①　実習計画書の意義と作成

実習計画書は実習を充実したものにするために極めて重要なものです。実習担当教員の指導を受け、何度も修正して完成させましょう。

1 実習計画書の意義

社会福祉士及び精神保健福祉士養成カリキュラムが改正（2021〔平成 3〕年度以降に導入）され、新しいカリキュラムで行われる「ソーシャルワーク実習」では、実習計画書の存在が大きくなっています。

実習計画書は実習全体を通して、以下のように活用されます。

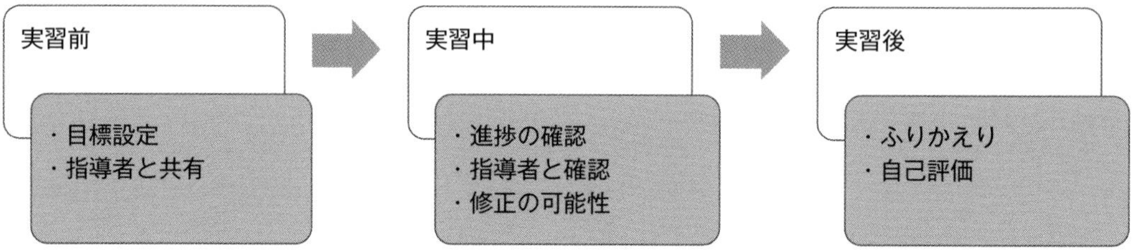

実習計画書は、実習前に実習先に提出しますので、実習先が作成する実習プログラムに反映される可能性があります。誠実に、本心から書くことをおすすめします。

また、実習計画書は「計画」を書くものですので、実習そのものの目的、実習中に設定する日々の目標、体験したい内容を、具体的に、丁寧に記載します。養成校に先輩の過去の実習報告書（実習後に作成する書類）が保管されている場合、それを参考にするのも有効です。ただし、丸パクリはすぐにバレます。

実習に至るまでのいくつかの動機について、あらためて考えてみましょう。

問い	
ソーシャルワークを学ぼうと思ったきっかけ	
どのようなソーシャルワーカーになりたいか	
実習先を希望した理由	

何でソーシャルワーカー目指してるの？

ほんとそれなんですけど、なんか資格とかあるといいって親や先生に言われて、福祉？　ああ介護か、まあいっか何でもと思って、何も考えずに学校入ったんですよー。でも福祉とか興味湧かなくてー。

そうだとしても、わざわざ言わなくてもいいよね。君の中での正直な答えじゃなくて、お世話になる相手の気持ちを考えた誠実な答えが大事なんだよ。

えっ……そうなんですか……。
でも正直に答えるほうが誠実かなって……。

それは君の中での話。言われたほうの気持ちになってみなさい。忙しいのに福祉に興味がない学生を何で何週間も預かるの。

2 実習計画書の作成

実習計画書は、たいていの場合、各養成校が用意したものを用います。実習指導者は、この実習計画書を通して、実習生がどのような体験をして、何を学びたいのかを知ることになります。

実習生の文章を初めて読む実習指導者にも伝わるよう、相手を想像しながら書いてみましょう。

❶実習の意義、実習先の希望理由

自分は将来どうなりたいか、国家資格を取得してどのような仕事をしたいのか、その仕事をするために実習での学びがなぜ有効であるかが分かるように書きましょう。

注意が必要なのは、就職を希望する分野と実習先の分野が異なる場合や、また第一希望の実習先でなく、特に関心のない実習先に行く場合です。この場合、あなたはどう書きますか。

その場合でも、なぜその実習先を希望したのかを丁寧に書くのが礼儀です。くれぐれも、「興味はないが第三希望で決まった」とか「先生がそう言ったから」などと、主体性や礼儀の欠落したことを書いてはいけません。やる気がなく、その分野に関心がないという実習生の面倒をみなければならない実習先の負担を考えてみましょう。

実習生の未来は未確定です。さまざまな可能性があるなかで、その実習先での学びが必ず役に立つはずです。それを肯定的に捉えて、謙虚な学びの姿勢で希望理由を説明しましょう。

❷実習課題

何を学びたいかを具体的に書けるようになりましょう。できるかぎり、養成校の講義や自習で知ることができることは避け、実習でしか学べないことを書きます。

その際、「○○施設における生活相談員の業務中でも○○の場面を実際に知り、○○との連携場面での○○の活用について学びたい」という具合に、具体的に書きます。

❸実習課題に対する事前学習

これまでの事前学習の内容を、伝わるように記載しましょう。ただし、「○○について調べた」といった雑で具体的でない書き方はよくありません。逆に、調べて出てきた内容を細かくダラダラと書き連ねるのはもっとよくありません。その実習先の何を、どのような方法で調べたかを、「……について……まで……を用いて調べた」という具合に、簡潔に要点だけを書くようにします。

❹実習課題を達成するために実習で学びたい内容

ここでは、第23章　実習プログラムで紹介した「職場実習」「職種実習」「ソーシャルワーク実習（SW実習）」の3つを識別して、実習で学びたい内容と、学ぶための方法について書くことが効果的です。

また、厚生労働省はソーシャルワーク実習の「教育に含むべき事項」を示しています。ソ教連（一般社団法人 日本ソーシャルワーク教育学校連盟）はこれに対応する「モデル実習計画書」の中で、実習で学ぶべき細かな項目（19個の達成目標）を示しています。

巻末の「付録1　実習指導ワークシート」の「実習計画書に書いたこと」（第26・27章）の欄に、ソ教連の19個の「達成目標」と実習計画書に書くことを対応させて書きましょう。

ワークシートに書かれなかったものでも、実習先では経験し、学習できる可能性はあります。また、経験できなかった場合でも、実習前後の実習指導や、実習担当教員からのスーパービジョンの対象となるでしょう。

以下に不適切な実習計画書の記入例を2つ紹介します。①職場実習、職種実習、ソーシャルワーク実習の区別を意識した記入例と、②ソ教連（一般社団法人 日本ソーシャルワーク教育学校連盟）の新カリキュラムの「モデル実習計画書」を用いた記入例です。

阿波の金長狸や佐渡の団三郎狸などを見れば分かるとおり、大物のたぬきはそれなりに計画的、組織的に行動している。そんな力がつく実習にしたいものだ。

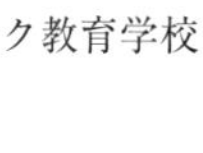

不適切な実習計画書の例1

（職場実習、職種実習、SW実習を意識した計画書を用いた記入例）

「不適切な実習計画書」を見て、どのように書き直せばよいかを考えましょう。

○ 年 × 月 △ 日 作成

学生氏名	福士 狐子 （学籍番号：12345678）
施設・機関名（種別）	社会福祉法人豆狸会たぬき園 （高齢者）
実習期間	○月×日（月）～○月△日（金）

①私にとっての実習の意義、実習先の希望理由

私は高校生のとき、ボランティアした。そんとき、家の支援に興味を持った。老人が住み慣れた家で暮らしているので地域の助け合いが知りたいと考えた。またそのサービスの実際を知りたいと考えた。将来、社会福祉士になりたい。

②実習課題

この実習で中心的に学びたいことは社会福祉士の仕事である。特に面接の技術や連携を学びたい。社会福祉士が面接の場面でどのような技術を実際には用いているのかなどを知りたい。

また連携については特に虐待などの場面でどう連携しているのか、連携場面では社会福祉士はどのような動きをしているのか、実際の場面から学びたい。

③実習課題に対する事前学習

施設の概要について調べた。
高齢者が活用する介護保険制度が分かった。

④実習課題を達成するために実習で学びたい内容		
	実習で具体的に学びたいこと	学ぶための具体的方法
職場実習	・〇〇施設の概要について ・〇〇施設の利用者について ・〇〇施設の職種について	・施設見学 ・講義を聴く
職種実習	・〇〇施設の役割について学ぶ ・面接技術について学ぶ	・面接同席 ・利用者と話す
SW 実習	・ソーシャルワークを体験する ・アセスメントをする ・クライエントに使う社会資源を考える	・実習で学んだことを話す ・利用者にアセスメントしてみる ・ネットで調べる

（2/2）

不適切な実習計画書の例2

（一般社団法人日本ソーシャルワーク教育学校連盟のモデル実習計画書を用いた記入例）

氏名	福士 狐子　（学籍番号：12345678）
所属施設・学校名	○○大学
実習施設・機関名	社会福祉法人豆狸会たぬき園
実習施設・機関住所	福島県いわき市平字狸町37
実習施設・機関連絡先（電話番号）	000-0000-0000
実習施設・機関連絡先（E メール）	ponpoko_xxxx@xxxx.jp
実習指導者名	田貫 腹
実習指導者所属部署	たぬき園のどこか
実習期間	20××年○月×日（月）～20××年○月△日（金）
当該施設・機関での予定実習時間数（当該施設・機関での実習終了時の総実習時間数）	
240　時間（　180　時間）	

署名

実習生	福士 狐子
教員	
実習指導者	

〈実習の概要〉実習施設・機関の種別や対象について

実施施設・機関名
高齢者施設
実習施設・機関の社会的使命
人の役に立つこと
実習施設・機関が提供しているサービス
ホームヘルパー、介護
実習施設・機関がかかわりの対象とする人々
高齢者

〈実習生の実習内容の概要〉

実習中に実習生（あなた）が担当する主な内容（例：インテーク面接、アセスメントの実施、グループの運営、地域住民の会議の開催、クライエントに関係する法改正の確認）
プランニングの実施
実習先で自分が取り組めると思う内容（例：プログラム評価の実施と報告、助成金や補助金の申請書作成、会議の開催、プログラム開発）
面接をする。利用者の話をやさしくきいてあげる。
クライエント個人や家族、グループ、コミュニティと直接かかわりを持つ方法
空き時間にクライエントと話す。

〈スーパービジョンの実施〉

毎週の定期的なスーパービジョンの日程	
実習指導者： 毎日	養成校教員： 先生が来たとき
スーパービジョンに向けた実習生の準備内容	
実習指導者： 実習記録	養成校教員： 課題をまとめておく

〈実習の具体的な実施計画〉

項目 1：利用者やその関係者（家族・親族、友人等）、施設・事業者・機関・団体、住民やボランティア等との基本的なコミュニケーションや円滑な人間関係の形成
達成目標（1）：クライエント等と人間関係を形成するための基本的なコミュニケーションをとることができる。
クライエントと話を 10 分以上する。
評価の実施方法（予定）
☑ 直接指導による評価（担当者：　先生　）　□ 同僚やクライエントからのフィードバック □ 本人の作成した書類の確認（担当者：　）　□ スーパービジョンでのディスカッション □ その他（　）
項目 2：利用者やその関係者（家族・親族、友人等）との援助関係の形成
達成目標（2）：クライエント等との援助関係を形成することができる。
利用者の家族と 5 分話をする。
評価の実施方法（予定）
☑ 直接指導による評価（担当者：　先生　）　□ 同僚やクライエントからのフィードバック □ 本人の作成した書類の確認（担当者：　）　□ スーパービジョンでのディスカッション □ その他（　）

項目３：利用者や地域の状況を理解し、その生活上の課題（ニーズ）の把握、支援計画の作成と実施及び評価
達成目標（3）：クライエント、グループ、地域住民等のアセスメントを実施し、ニーズを明確にすることができる。
クライエントの困っていることを知る。
達成目標（4）：地域アセスメントを実施し、地域の課題や問題解決に向けた目標を設定することができる。
クライエントが住んでいる地域の実情を見に行く。
達成目標（5）：各種計画の様式を使用して計画を作成・策定及び実施することができる。
クライエントの困っていることを助ける計画をつくる。
達成目標（6）：各種計画の実施をモニタリングおよび評価することができる。
計画の結果を確認する。
評価の実施方法（予定）
☑ 直接指導による評価（担当者：　先生　）　☐ 同僚やクライエントからのフィードバック ☐ 本人の作成した書類の確認（担当者：　）　☐ スーパービジョンでのディスカッション ☐ その他（　）
項目４：利用者やその関係者（家族・親族、友人等）への権利擁護活動とその評価
達成目標（7）：クライエントおよび多様な人々の権利擁護ならびにエンパワメントを含む実践を行い、評価することができる
クライエントがひどいことをされていないか確認する。
評価の実施方法（予定）
☑ 直接指導による評価（担当者：　先生　）　☐ 同僚やクライエントからのフィードバック ☐ 本人の作成した書類の確認（担当者：　）　☐ スーパービジョンでのディスカッション ☐ その他（　）
項目５：多職種連携及びチームアプローチの実践的理解
達成目標（8）：実習施設・機関等の各職種の機能と役割を説明することができる。
実習先の他の専門職の話を聞く。
達成目標（9）：実習施設・機関等と関係する社会資源の機能と役割を説明することができる。
いろんな制度を知る。
達成目標（10）：地域住民、関係者、関係機関等と連携・協働することができる。
関係機関の見学に行く。

達成目標（11）：各種会議を企画・運営することができる。

研修会などに参加して手伝う。

評価の実施方法（予定）

☑ 直接指導による評価（担当者：　先生　　　）　□ 同僚やクライエントからのフィードバック
□ 本人の作成した書類の確認（担当者：　　　）　□ スーパービジョンでのディスカッション
□ その他（　　　　　）

項目６：当該実習先が地域社会の中で果たす役割の理解及び具体的な地域社会への働きかけ

達成目標（12）：地域社会における実習施設・機関等の役割を説明することができる。

地域と交流しているか聞く。

達成目標（13）：地域住民や団体、施設、機関等に働きかける。

地域の行事に参加する。

評価の実施方法（予定）

☑ 直接指導による評価（担当者：　先生　　　）　□ 同僚やクライエントからのフィードバック
□ 本人の作成した書類の確認（担当者：　　　）　□ スーパービジョンでのディスカッション
□ その他（　　　　　）

項目７：地域における分野横断的・業種横断的な関係形成と社会資源の活用・調整・開発に関する理解

達成目標（14）：地域における分野横断的・業種横断的な社会資源について説明し、問題解決への活用や新たな開発を検討することができる。

地域のいろんな行事を知る。

評価の実施方法（予定）

☑ 直接指導による評価（担当者：　先生　　　）　□ 同僚やクライエントからのフィードバック
□ 本人の作成した書類の確認（担当者：　　　）　□ スーパービジョンでのディスカッション
□ その他（　　　　　）

項目８：施設・事業者・機関・団体等の経営やサービスの管理運営の実際（チームマネジメントや人材管理の理解を含む）

達成目標（15）：実習施設・機関等の経営理念や戦略を分析に基づいて説明することができる。

実習先の考えを知る。

達成目標（16）：実習施設・機関等の法的根拠、財政、運営方法等を説明することができる。

実習先の施設に関わる法律を聴く。

評価の実施方法（予定）

☑ 直接指導による評価（担当者：　先生　　　）　□ 同僚やクライエントからのフィードバック
□ 本人の作成した書類の確認（担当者：　　　）　□ スーパービジョンでのディスカッション
□ その他（　　　　　）

項目９：社会福祉士としての職業倫理と組織の一員としての役割と責任の理解
達成目標（17）：実習施設・機関等における社会福祉士の倫理に基づいた実践及びジレンマの解決を適切に行うことができる。
他の職種の考え方と違うことを知る。
達成目標（18）：実習施設・機関等の規則等について説明することができる。
実習先の規則を聴く。
評価の実施方法（予定）
☑直接指導による評価（担当者：　先生　　）　□同僚やクライエントからのフィードバック □本人の作成した書類の確認（担当者：　　）　□スーパービジョンでのディスカッション □その他（　　　　）
項目10：ソーシャルワーク実践に求められる以下の技術の実践的理解
達成目標（19）—１：アウトリーチの実践的理解
アウトリーチを体験する。
達成目標（19）—２：ネットワーキングの実践的理解
ネットワークしているところを見る。
達成目標（19）—３：コーディネーションの実践的理解
コーディネートしているところを見る。
達成目標（19）—４：ネゴシエーションの実践的理解
ネゴシエーションしているところを見る。
達成目標（19）—５：ファシリテーションの実践的理解
ファシリテーションしているところを見る。
達成目標（19）—６：プレゼンテーションの実践的理解
プレゼンテーションをつくる。
達成目標（19）—７：ソーシャルアクションの実践的理解
ソーシャルアクションについて聴く。
評価の実施方法（予定）
☑直接指導による評価（担当者：　先生　　）　□同僚やクライエントからのフィードバック □本人の作成した書類の確認（担当者：　　）　□スーパービジョンでのディスカッション □その他（　　　　）

出典：一般社団法人 日本ソーシャルワーク教育学校連盟「ソーシャルワーク実習指導・実習のための教育ガイドライン（2021年8月改訂版）」より「モデル実習計画書」（p.45-52）を引用し、許可を得て不適切な記入例を作成した。

第27章　実習計画書②　実習計画書の確認と修正

ここでは、作成した実習計画書が、実習で学ぶべき内容が具体的で、適切に書かれているか、また学ぶ方法が具体的に書かれているかを、見直していきます。

実習担当教員の指導のもと、以下で説明する点を意識しながら修正を繰り返していきましょう。

1　口頭で聞かれた場合を意識する

実習計画書で書かれた内容と、実習生が口で話す内容が噛み合わないと、実習先から不信の目で見られるでしょう。例えば、ソーシャルワーカーを目指す動機について実習計画書には高校生の頃の医療ソーシャルワーカーとの経験が書かれているのに、口頭では「いや……なんか……資格とかあったほうがいいし……子どもが好きなんで児童の分野に……」と言って、矛盾してしまったり、口で説明できないことを書いたりするのはやめましょう。自分の言葉で説明できる範囲で、説明する場面も想定しながら書くほうがよいでしょう。

また、実習計画書に書いていないからといって、口頭で説明する必要がないとは限りません。例えば「将来、うちみたいな分野の施設への就職を考えていますか」と聞かれたとき、失礼のないように答えられますか。つまり、実習計画書にあえて書かないことも意識しておく必要があるということです。

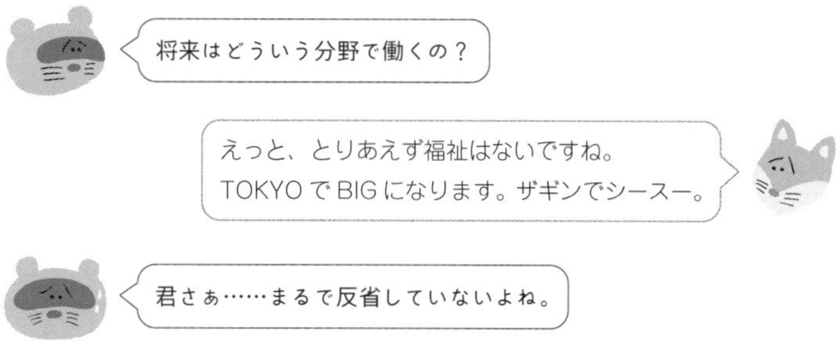

将来はどういう分野で働くの？
えっと、とりあえず福祉はないですね。
TOKYO で BIG になります。ザギンでシースー。
君さぁ……まるで反省していないよね。

2 具体的に書かれているか

実習計画書の内容がうまく伝わるかどうかの一つのポイントは具体性にあります。「いろいろな視点を学んで支援する」や「○○の支援を学ぶ」といった記述はあまりにあいまいで不適切です。

一つひとつの単語から明確にする必要があります。例えば、「高齢者」だけではどんな高齢者か分からないので、「○○施設に入所している認知症の症状がある高齢者」と書くなどの修正をしましょう。

学生にありがちな、「バイステックの7原則*を身につける」といった記述も同様で、具体性を欠いています。

3 ソーシャルワーカーとしての語彙を用いているか

ソーシャルワーク実習ですから、ソーシャルワーカーとしての語彙を用いる必要があります。一般的な言葉だけで説明すると、あいまいで、いい加減な文章になりがちです。専門用語には背景にそれぞれの理論や思想があり、その用語を用いることで、理論や思想に照らして専門的にできたかという、反省につながるのです。専門職として責任ある行動がとれるよう、専門用語を用いて自分を律する必要があります。

例えば、「仲良くなる」が「ラポール形成」などに、また「～との話し合い」が「ケースカンファレンス」などに言い換えられる場合もあるでしょう。この点は、第13章　実習記録の前に②　ソーシャルワーカーの語彙、第39章　成果報告⑤　専門的な視点と語彙で言語化するも参考にしましょう。

スペースが空いたので少し長めに話をしようと思う。佐渡北部の旧金泉村周辺の俗謡に「戸地のとんちぼう　狄（えびす）のむじな　達者たぬきに騙された」がある。戸地も狄も達者も佐渡北部の近接地域である。この俗謡は、佐渡は思いのほか広く、近接地域でも「たぬき」、「むじな」、「とんちぼう」と名称が異なっていることを歌ったものである。たとえ近くてもそれぞれの共同体で用いられている言語は異なるということだ。同じソーシャルワークの世界でも児童・障害・高齢・医療など、現場が異なれば使う言語も異なるだろう。

＊1. 個別化の原則、2. 意図的な感情表現の原則、3. 統制された情緒関与の原則、4. 受容の原則、5. 非審判的態度の原則、6. 自己決定の原則、7. 秘密保持の原則。

4 ソーシャルワーカーとしての関心から書かれているか

ソーシャルワーク実習ですから、当然、ソーシャルワーカーとしての関心から書かれる必要があります。もちろん、ケアワークや他職種のことを知ることも大事ですが、それはメインではありません。

■不適切な例1） ソーシャルワークではない関心から書く

×「介護の方法を身につける」、「子どもとの関わり方の技術を身につける」

➡たとえ実習先が介護や保育を求めてきたとしても、介護実習や保育実習ではありません。

△「介護も行いつつ、支援全体の中で利用者を理解する」

○「介護も行いつつ、支援全体の中で利用者を理解し、また介護福祉士の連携を理解することで、レジデンシャル・ソーシャルワークの全体像を理解する」

×「服薬するよう促す技術を身につける」

➡それがソーシャルワーカーの業務かどうか考えましょう。

×「うつの人を見たい」

➡そのような興味本位で関わられる側の気持ちになってみましょう。また、全人的存在としての相手を支援するうえで、脱人格化された症状面だけに着目して人を見るような書き方はソーシャルワーカーとしては不適切です。

■不適切な例2） 実現性が低いことや、こだわりを書く

×「ターミナルケアの過程を実践的に学ぶ」

➡ある場面に焦点化するのも悪くないのですが、その現場が十分に見られない可能性も考えましょう。ソーシャルワーク実習を成り立たせるために、実習全体のスケジュールと、実習先の業務全体に視野を広げましょう。

×「虐待された子どもの心の傷を癒やす」

➡実習生が急にやってきて、そのようなことができると思っているのは思い上がりです。

■不適切な例3） あまりに基本的なことを書く

×「利用者とコミュニケーションをとる」、「○○と関わる」

➡コミュニケーションをとるのは、ほとんど当たり前であり、ソーシャルワーク実習としての目的性が低いでしょう。

5 達成目標との関係を意識しているか

前章で述べたとおり、厚生労働省の「教育に含むべき事項」、ソ教連（一般社団法人 日本ソーシャルワーク教育学校連盟）の19の達成目標を示しています（付録1、付録2を参照）。実習で学ぶことの広さ、特に何を学びたいかを考えるうえでも役立つでしょう。

6 動機→学びたいこと→事前学習→実習課題と方法がつながっているか

実習計画書の各項目について具体的に書かれていることも重要ですが、各項目が論理的につながっていることも重要です。例えば、

動機

「高齢者の相談業務に関心を持った」

⬇

学びたいこと

「高齢者の相談業務を行っているソーシャルワーカーの面接場面での実践を学びたい」

⬇

事前学習

「高齢者に関わる面接技術と介護保険制度について調べて学習した」

⬇

実習課題と方法

「面接場面に同席し、援助関係の理解と個別支援計画の作成を行う」

というようなイメージです。

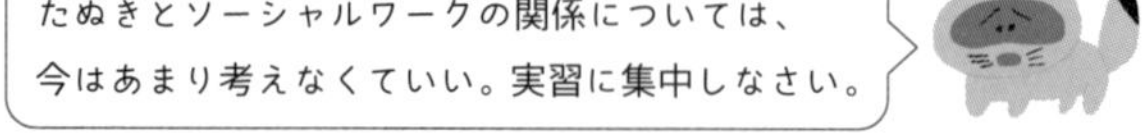

たぬきとソーシャルワークの関係については、
今はあまり考えなくていい。実習に集中しなさい。

第28章 事前訪問①　事前訪問で確認しておくこと

この章では、事前訪問での確認事項について丁寧に整理しておきます。

1 事前訪問前

事前訪問とは実習生が実習前に実習先を訪問し、挨拶と自己紹介をするほか、必要書類を提出し、実習内容や実習指導者とのスーパービジョン、注意事項の確認などを行うものです。場合によっては、実習先より事前課題が出される場合もありますので、実習開始時に必ず提出できるように仕上げます。

まずは実習先に電話をかけて事前訪問の日程を調整しましょう。電話のかけ方については第６章　実習に関するマナー②　電話／メールを再確認しておきましょう。

自動車での移動についても注意が必要です。事前訪問前に、実習先に駐車スペースがあるのか、それはどこなのか、何人で、合計何台で行くのかも確認する必要があります。丁寧な確認がないまま行ってしまうと、あなたも困りますし、実習先に迷惑をかけてしまいます。細かい想像力と配慮が必要です。

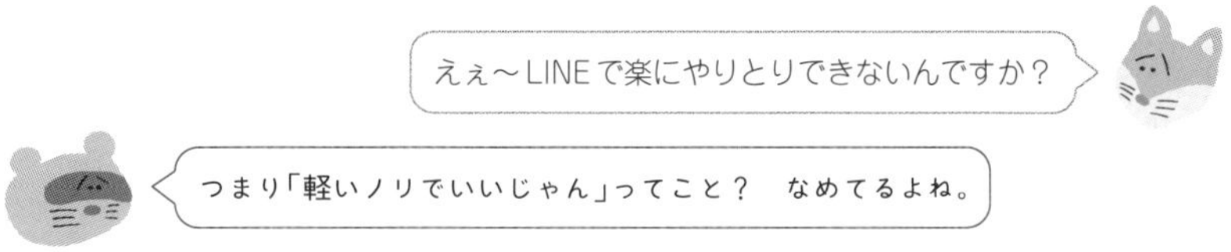

えぇ～LINEで楽にやりとりできないんですか？
つまり「軽いノリでいいじゃん」ってこと？　なめてるよね。

2 事前訪問時

事前訪問に行くときも、挨拶や服装については注意してください。それが実習生の第一印象になります。第５章　実習に関するマナー①　挨拶／言葉づかい／服装を再確認しておきましょう。

事前訪問時には、あらかじめ内容を再確認した実習計画書（のコピー）を持参しましょう。また、実習指導者からの説明内容を忘れず、振り返ることができるよう、メモ帳も持参します。実習中の服装についても、実習中のどこかで外出や運動をするなどして、相談支援のときとは異なる服装が必要になるかもしれませんので、実習のスケジュールと合わせて確認しておきます。

以下の表の左側を参考に、実習担当教員の指導も受けながら、事前訪問で確認すべきことを整理しておきましょう。そして表の右側に、実際に事前訪問で確認したことを書き込みましょう。

以下の表をチェックしたうえで、事前訪問で確認したことを書き込みましょう。

確認するべきこと	確認した結果
実習場所 （1 カ所とは限らない） 実習先までの交通手段と時間 駐車場の利用方法	
服装・身だしなみ	
所持品の管理方法	
必要経費 （交通費、食費、その他）	
実習記録の作成と提出の時間 実習記録の提出方法	
必要な事前学習 実習先からの事前課題 事前課題の提出の方法	
実習記録や実習後の報告会での、情報や個人情報の取り扱い方法	

（次ページに続く）

確認するべきこと	確認した結果
感染症予防への取り組み	
災害など緊急時の対応と連絡先	
実習計画書の修正の必要性 修正する場合の再提出の方法	

たぬきのいそうな場所も確認しておきたい気持ちは分かる。
しかし事前訪問も実習の一部だ。実習に集中しなさい。

第29章 事前訪問②　事前訪問のふりかえり

事前訪問では実習指導者から実習の内容や注意事項などを聴いてきたと思います。それを踏まえて実習が始まるまでに準備していきましょう。

もし実習計画書を確認した実習指導者からの指示があれば、これに従って修正をします。例えば、実習計画について、訪問を中心に書いていたが、「感染症拡大中のため訪問は難しい場合がある」と言われた場合、訪問に行けないときのことを考えて修正する必要があります。

また、特に実習指導者からの指示はなかったが、実際に実習先の雰囲気や利用者の特性などを考えて、明らかに実習計画書の修正が必要であると考えられる場合は、実習担当教員に相談しましょう。

実習前に準備することを具体的な行動として書き込みましょう。

確認したこと	いつまでに、どのように準備するか
実習場所 （1カ所とは限らない） 実習先までの交通手段と時間 駐車場の利用方法	
服装・身だしなみ	例）運動靴と名札がないので実習開始までに購入する
所持品の管理方法	
必要経費 （交通費、食費、その他）	

（次ページに続く）

確認したこと	いつまでに、どのように準備するか
実習記録の作成と提出の時間 実習記録の提出方法	
必要な事前学習 実習先からの事前課題 事前課題の提出の方法	
実習記録や実習後の報告会での、情報や個人情報の取り扱い方法	
感染症予防への取り組み	
災害など緊急時の対応と連絡先	
実習計画書の修正の必要性 修正する場合の再提出の方法	例）実習担当教員に相談したうえで、実習 1 週間以内に修正し、実習担当教員に確認をとり、実習初日に再提出する。

たぬきが気になって事前学習が手につかないこともあるだろうが、そこを乗り越え、きちんと学習し、準備をして実習に臨むことが大事だ。

第30章 実習前の最終チェックと実習後のお礼状

この章では、実習前の最終チェックと実習後のお礼状について説明します。実習が始まってから何かを購入したり手続きしたりするのは大変です。時間のある実習前に全ての準備を済ませておきましょう。

1 実習前

実習は長期間にわたります。その期間は部活動やアルバイト、自動車教習などもなるべく控え、実習に集中するようにしましょう。もし、授業がある期間に実習が入れば、授業への出席も難しくなりますね。各授業の担当の先生と相談するなどの準備が必要です。また、養成校での実習関係科目以外の課題も、実習中は集中して取り組めませんので、積み残していると大変なことになります。終わらせてから実習に行きましょう。

また、移動に不慣れな初日や、公共交通機関の時間が変わる土曜日などは遅刻しやすいので、実際に実習当日と同じ時間に行ってみるのも有効です。

以下のチェック項目を参考にして準備してください。

- [ ] 「第 24 章　提出書類の確認」で確認した提出物は全て提出しましたか
- [ ] 「第 29 章　事前訪問②　事前訪問のふりかえり」で確認した準備は全て完了しましたか
- [ ] スケジュールの調整はしましたか（アルバイトや部活、教習や家庭の事情など）
- [ ] 授業欠席の手続きはしましたか
- [ ] 体調管理や体温管理をし、必要な場合は記録をとっていますか
- [ ] 集合場所を確認し、当日と同じ時間に実習先に行ってみましたか
- [ ] 実習先からの事前学習と、養成校での課題は済んでいますか

2 実習後

実習を終えた段階で、お礼状を作成します。できれば手書きのほうが温かみや感謝が伝わります。封筒は、白色で、透けない和封筒が適しています。キャラクターや挿し絵が入ったものや派手なものは避けます。実習を終えた日から１週間以内に送ります。

送る相手としては、実習指導者のみに送る場合、施設長・理事長などの管理者と実習指導者の両方を書いて１通送る場合、１通に両方を書かずに２通に宛名を分けて送る場合があります。それぞれの実習先ごとの慣習があるでしょうから、実習担当教員に確認のうえ、送りましょう。ここでは指導者のみに送る場合を想定して例を掲載します。

本文は、特に指示がない限りは、縦書きで書きます。「拝啓」で始まり「敬具」で終わる文章とし、敬語で「です・ます調」を用いて、実習でお世話になった感謝、実習で自分が学んだことや気づいたこと、経験を今後の学習に結びつけていく展望について、丁寧かつ素直に書いていきます。

拝啓　〇〇の候、貴園におかれましてはますますご繁栄のこととお慶び申し上げます。
　この度は〇日間にわたり貴施設において、〇〇実習の機会を頂き誠にありがとうございました。
　実習期間中は、実際に利用者の方々に接することで、大学の授業では体験できなかった……（略）……を学ぶことが出来ました。特に、……（略）……が、高齢化が進行する〇〇地区にとって、……（略）……うえで重要であることが分かりました。……（略）……
　今回の実習は私にとって貴重な経験になっただけでなく、将来、……（略）……なソーシャルワーカーになりたいという思いを強く抱く機会ともなりました。実習報告会では、今回学んだ……（略）……についても報告したいと考えております。今後とも、ご指導のほど宜しくお願い申しあげます。
　この度はご多忙の中ご指導頂き、本当にありがとうございました。職員の皆様にも感謝申し上げます。
敬具

令和〇年〇月〇日

〇〇大学総合福祉学部　福士狐子

社会福祉法人　豆狸会
たぬき園相談事業部
田貫腹　様

うわ、やば、破けた、あ、お茶こぼした。
……まぁこれで出すか。

文章が良くてもそれだと台無し。

それぞれ別の封筒（または別のハガキ）に記入します。宛名については、「様」「御中」「先生」などの基本的な用法を自分で調べたうえで、実習先に応じた慣行については、実習担当教員に相談しましょう。

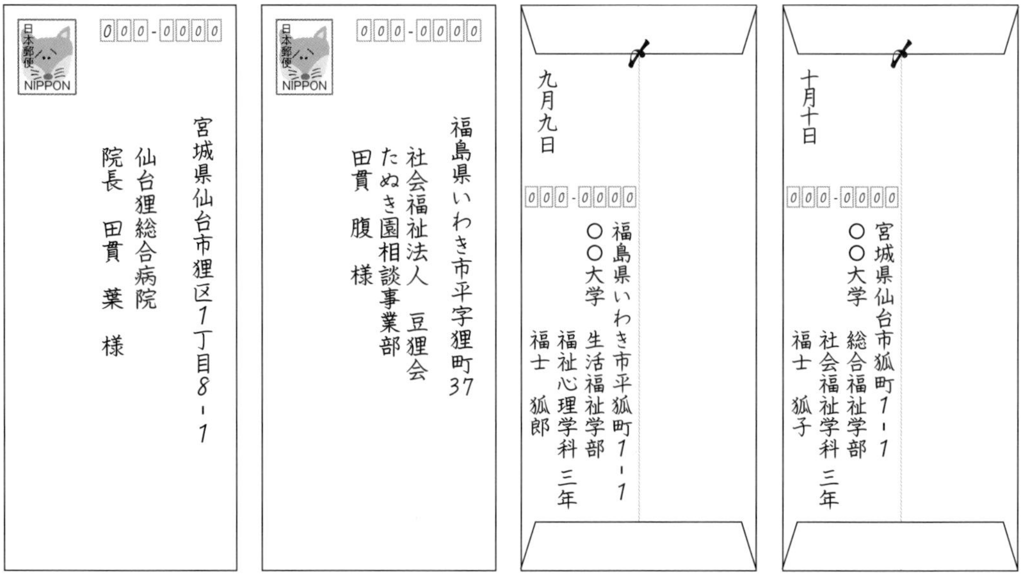

また、書式についてはインターネットで調べるとさまざまな例文があります。ただし、インターネットの文例をほぼ丸写しで仕上げると、マイナスイメージになる可能性があります。自分の体験や思いを織り交ぜ、自分の言葉で書かれた文を作成しましょう。

送るときは、封筒に重さや大きさに応じた切手を必ず貼って、送りましょう。お礼状の作成も実習の一部です。手抜きをせず、誠実に書いて送りましょう。

また、実習後には実習全体の体験と学びを総括した短い報告書や、場合によっては養成校の期末試験と同等の硬質なレポートの提出を求められる可能性もあります。後者の場合は第44章　成果報告⑩　実習レポートの作成を参考にしましょう。

佐渡の団三郎狸は恩人に丁寧にお礼を述べてお金や刀を渡したという。感謝の気持ちの伝え方はいろいろだが、まずはやはり丁寧に言葉を尽くすことが大事なのだ。

第31章 事後学習①
印象的な体験と感情を説明する

長きにわたる実習が終わると、今度はその実習を振り返る事後学習が始まります。この章ではまず、実習中の印象的な体験と、それに対して感じたことを言葉にしてみましょう。

1 出来事と体験を実習生としての言葉にする

体験を言葉にすることは、意外に難しいことです。例えば、実習生が見学で、子どもたちの集団活動のなかでA君だけが離れた場所で活動しているのを見た場合、それだけの情報で「A君だけ仲間外れにされていた」と説明してよいでしょうか。この場合の「仲間外れ」という言葉は、事実を表す言葉というより、「嫌がらせなのだろう」「かわいそうだ」と自分で解釈し、評価したうえで使っている言葉です。まずは事実として言えることだけを説明して、そのうえで、別の文で「〜というよりは、仲間外れをされているように思われた」というように感想を述べるようにします。この点は第12章　実習記録の前に①　正確かつ誠実な表現と、第14章　実習記録の目的と書き方（SOAP／バイオ・サイコ・ソーシャル）も参考にしましょう。

実習中の出来事を説明するときには、誰に対して想像力を働かせて説明しているかを自覚することが大切です。例えば以下の説明はどうでしょうか。

> 「ワーカーは利用者の遅刻や作業の遅延に対して、あれこれと厳しく指導したら、すぐに背を向けて、少し離れたところの壁をいじりはじめた。仕事なので利用者に説教をするのも大事かもしれないが、そのあと利用者を放置してすぐに次の仕事に移るのも必要なのか、疑問である。」

これは利用者の体験と感情を代弁して説明したものでしょう。しかし利用者そのものになりきって、利用者のことを分かった気になるのもまた危険です。

また、実習生が見るべきはまずもってワーカーの専門職としての知識・技術・価値です。実習生は、利用者にどのような事情があったかについては、これまでの養成校の学習でそれなりに想像力をもてるでしょうが、実習はまずもってワーカーの専門職としての実践に着目して、その実践に至る事情について想像力をもつことが望ましいでしょう。

ワーカーの側に着目すると、もしかしたら次のような説明に変わるかもしれません。

「ワーカーは……の……を優先する観点から、利用者の……という特性に着目し、行動変容アプローチを活用して、大きな声で、1分程度で具体的に助言をしたうえで、意図的にその場を離れ、作業の工程と作業ブースの環境構成を再確認した。」

何でもかんでも堅苦しく中立的に書けばいいというわけではありませんし、このように書き換えること自体がワーカーの強烈な権力でもあります（第7章　差別意識、権力、認知の歪みを自覚するを参照）。

しかし、実習生の立場として、まずはワーカーの知識・技術・価値に着目してみてください。そのような理解のうえで、利用者にうまく伝わったかどうか、利用者の反応はどうかや、支援の効果といった、利用者側のことに着目して、考えるようにしましょう。

もちろん、実習先のワーカーの行動の説明だけでなく、実習生自身の行動についても、ソーシャルワークの知識・技術・価値の観点から説明できるようになりましょう。

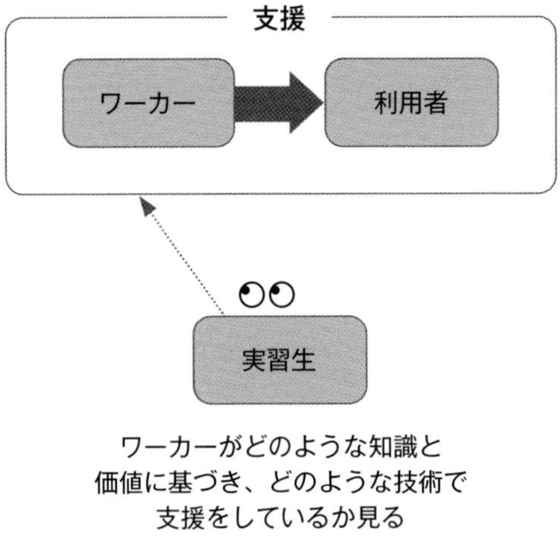

2 感情の複雑さ

実習期間中は緊張感のある状態だったと思います。実習中、毎日が嬉しいこと、楽しいことの連続ではなかったはずで、つらいことや腹立たしいことも起こったでしょう。自分の感情を大切にするなら、乱暴に「クソだった！　以上！」と片付けるのではなく、感情の複雑さを丁寧に理解することです。例えば、実習先で利用者への不適切なケアの場を見てしまい、実習生の立場で何も言えずに見過ごすしかなかった場合、それはどんな感情があったでしょうか。利用者に対して「かわいそうだ、つらそうだ」という共感があるとともに、「申し訳ない」という気持ちもあったかもしれません。またワーカーに対して「なんてひどいんだ」という怒りの感情もあるでしょうし、それに何も言えない自分に「情けない」「つらい」「腹立たしい」といった感情、あるいは「よく我慢した、えらい」など、複数の感情があったでしょう。

感情は複雑です。単純に乱暴に扱うのではなく、誰（何）に対するどのような感情なのかを、丁寧に理解しなおしましょう。

3 感じた変化

実習はあくまで専門職教育の一環です。したがって、まずは個人的な感覚でいいので、実習で感じたことから自分にどのような気づき、学び、成長があったかを言葉にする必要があります。

実習に行って何も学んでいないということはありえず、「何を書いていいか、何を言っていいか分からない」ということはありえません。例えば高齢者の施設に行ったなら、利用者イメージや、支援のやりがいや難しさ、カンファレンスや多職種連携の実際、記録の意義と技術など、さまざまな点で気づきや学びがあり、専門職になるにあたって、自分の中で成長があったはずです。

実習中にとったメモや実習記録をもう一度見て、思い出しながら、実習前の自分と実習後の自分の違いを見出してみましょう。

たぬきは化けるので、そういう意味ではいつも変化を感じている。それはそうと、実習生諸君は、実習ならではの変化を大切にしてほしい。

4 体験と感情をプレゼンする

集団で事後学習を行う場合は、ある体験に対する複雑な感情について、プレゼンテーションをして、共有し、話し合うことが有効です。

以下のチェック項目を参考にして準備してください。

プレゼンに入れるべき事柄	備考
印象に残っている体験	
実習の前と後で 自分の中で感じられた変化	

何も思い浮かばないし、自作ポエムでも披露するか。

その精神力はすごいけど、実習を経て「何も思い浮かばない」ってある？　実習記録などを見て思い出しなさい。

他者に伝え、質疑応答や教員からのコメントといったフィードバックを受けることで、実習生自身のストレスコーピングや、体験と感情の客観視につなげることができるでしょう。

第32章 事後学習②
実習計画書に照らした達成と課題

実習は、学生が作成する「実習計画書」と実習先が用意する「実習プログラム」に沿って行われました。この章では実習計画書の内容に照らしながら、実習の達成度や今後の課題を明確にしましょう。

1 実習計画との照らし合わせの重要性

実習計画書は実習全体を通して、以下のように活用されます。

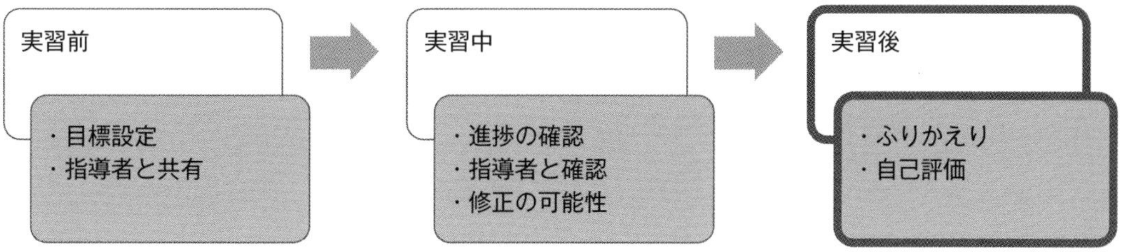

実習中は、実習の目標がどれだけ達成されているかを実習生と実習指導者間で確認し合い、最終的な実習評価へつながります。

実習の後にも、実習計画書を用いたふりかえりは必要です。まず、実習全体の流れを振り返りながら実習計画書を見て、達成したことと今後の課題について自己評価をします。そのうえで、（次章で確認する）他者評価としての実習評価表を用いてふりかえりを行うことで、実習のふりかえりに厚みが出て、今後の養成校での学習につながるのです。

2 ふりかえりの手順

実習計画書を用いてふりかえりを行う手順について、ここで一緒に考えていきましょう。

まず、実習計画書には実習中の実習生の情報が多く含まれています。それを実習生と実習担当教員で丁寧に確認していくことが望ましいでしょう。

全ての項目で目標を達成したということは稀でしょう。多かれ少なかれ、理解が難しかった、うまくできなかった、知識としては理解しても技術として使えなかったといった課題は抱えていると思います。

学生同士で実習計画の達成状況をそれぞれ発表し、他の学生や実習担当教員からのフィードバックを得るというやり方も有効でしょう。他の学生はどこでつまずいたのか、どこを得意としたのか、どのようにして目標達成に至ったのか。それらを理解することで、今後の学習につなげます。

①実習中の記録、メモ、資料を見直しながら、巻末の「付録1　実習指導ワークシート」の「実習先で経験したこと」（第32章）の欄を書き込み、
②実習計画書を見直しながら、「計画書に照らした達成状況（自己評価）」（第32章）の欄に書き込みましょう。

ふりかえりの際には、単にそれを経験したかどうかではなく、どこまで理解でき、実践できたか、逆にどこまでができなかったかを詳細に検討するようにしましょう。

「ふりかえり」について補足しておこう。
たぬきが逃げるとき、背を向けながら少し止まって人間を振り返るときがある。その怪しさが、たぬきが化かすといわれるようになった一つの要因だという論者もいる。
それはそうと学生諸君はきちんと実習を振り返りなさい。

第33章

事後学習③
実習評価表を用いたふりかえり

この章では、実習指導者からの実習評価、いわゆる他者評価が書かれた「実習評価表」について学習します。

1 実習評価表の見方

実習評価表は実習指導者が記載し、養成校を経由して、実習担当教員へと渡り、事後指導時に実習生が初めて他者評価である「実習評価表」に触れるという流れが一般的です。

実習評価では、「自己評価」と「他者評価」が異なることもあります。自分では気づいていないことを実習指導者が気づかせてくれることもあるでしょう。

もちろん、評価の活用は、あくまで利用者のためにあるべきです。評価を受けて安心して自信をつけたり、逆にショックで戸惑ったりすることもあるでしょう。しかしそこで終わってはいけません。

専門職としてより良い支援を行えるよう、知識・技術・価値を深めていくために評価を有効活用しましょう。

2 実習評価表を用いたふりかえりの手順

①実習評価表が養成校へ届く
②実習生が実習評価表に目を通す
③評価の高かった項目、低かった項目について確認していく
④ ③の項目について実習担当教員と共に振り返る
⑤反省点と事後学習に向けての課題を確認する
⑥「付録1　実習指導ワークシート」に書き込む

巻末の「付録1　実習指導ワークシート」の、「評価表に書かれていること（他者評価）」（第33章）の欄に書き込みましょう。

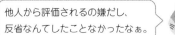

他人から評価されるの嫌だし、
反省なんてしたことなかったなぁ。

君さぁ……。

「評価」というものは、実践現場に出てからも常に付いて回ります。

実習の場合は実習生自身、実習先、養成校による評価ですが、現場に出れば、支援者自身、クライエント、スーパーバイザー、事業所、法人、他機関や地域社会からの「評価」があるでしょう。それらの評価は必ずしも同じにはなりません。

今後も、さまざまな評価を受けるという感覚をもち、多くの人々や組織の事情に配慮して支援を行うよう意識するとよいでしょう。

現代思想の最先端にたぬきはいる。世界がたぬきを
評価する時代がくるのは明らかである。しかし実習
生諸君、今は実習評価について着目してほしい。

第34章

事後学習④　課題の抽出と学習

実習後は、体験的な学びをソーシャルワークの知識・技術・価値に結びつけることが重要です。実習体験から学んだこと、またより学ぶべきことを明確化し、学習に取り組みましょう。

1　学ぶべきことを確認する

事後学習では、実習では学びきれなかったことや、ソーシャルワーク理論との照らし合わせなどの学習をすることで、実習での体験を体系的に理解しなおします。

■実習中に見ることができた知識

例：利用者に対して介護保険制度や成年後見制度などさまざまな社会資源を紹介していた。自分は制度の名前は聞いたことがあったが、細かく説明することはできない。

➡利用者に対して必要な社会資源を説明できるよう制度を詳しく学習する必要があると考えた。

■実習中に見ることができた技術

例：利用者に対して、ゆっくり話を聴き、利用者を安心させているように見えた。また利用者が話しやすいよう、質問の形を変えていた。自分はなかなかそれができず会話が止まってしまっていた。

➡多様な面接技法や、面接を実際に使えるような訓練が必要であると考えた。

■実習中に見ることができた価値

例：利用者の権利を守るために家族が言うことよりも、利用者がどう考えているかを重視していた。自分は家族の声に寄り添って考えてしまいそうになった。

➡なぜ、どのような価値に基づいて判断されているのか、学ぶ必要があると考えた。

あのワーカーは実習中、車でたぬきを１匹しかひかなかった。すごい運転の技術だと思いました。

そういう技術に着目するんじゃないんだよなぁ。

2 学ぶ方法を決める

以下のワークを行い、実習計画書どおりにならなかったこと、経験はしたがうまくいかなかったことなどを、事後学習として行いましょう。

①巻末の「付録1　実習指導ワークシート」の「計画書に照らした達成状況（自己評価）」と「評価表に書かれていること（他者評価）」を参考に、事後学習するべきことを「事後学習として取り組むべきこと」（第34章）に記入しましょう。

②記入したら、事後学習の具体的な方法を以下の表に記入し、実行しましょう。

学ぶべきこと（ワークシートから）	学ぶための方法	学ぶために必要なこと
例）面接の技術を身につける	例）面接の練習をする 面接技術に関する復習をする	例）面接相手を確保する 文献を図書館で借りる

事後学習を実行したら、学んだことを記録しましょう。

学ぶべきこと	学んだ方法	学んだこと
例）面接の技術を身につける	例）面接の練習を授業の中で２人とそれぞれ 10 分ずつ行った。面接技術について文献で確認してから臨んだ。	例）面接をするときに、お互い無言になると、焦ってしまう自分に気づいた。非言語のコミュニケーションのほうが相手に影響を与えやすいと強く感じた。

これらの「実習で学んだこと→学び足りなかったこと→事後学習で学んだこと」も踏まえて、これからの実習報告につなげていきましょう。

人間に悪さをしたが反撃され、反省したたぬきは、悪さをしなくなったり人間を助けたりする場合が多い。学習することは、感謝して前向きに生きることにつながる。

第35章

成果報告①
実習成果を報告する意義と注意点

実習が終わり、事後学習をしたあとは、これまでの成果を報告会でプレゼンテーションをする準備に入ります。この章では、実習成果を報告することにどんな意義があるのか、また実習成果を報告するうえで注意しなければならない点について学びます。

1 なぜ実習成果を報告するのか

報告会は「授業だから」「単位のため」という消極的な理由で行うものではありません。そもそもあなたが実習に行くことができたのは、過去にあなたの先輩方や教職員が努力し、現場との信頼関係を築いてきたからです。あなたも自分の単位や資格のことだけを考えていればよいのではなく、養成校という場が過去、現在、未来へと続いていくなかで、役割を果たさなくてはいけません。

実習報告会をなぜ行うのでしょうか。その意義についてしっかりと理解しておきましょう。

①実習の経験を専門的な知識、技術、価値に照らして理解しなおす機会
②実習生の資料作成能力の向上
③プレゼンテーション能力の向上
④実習生の協働性の向上
⑤実習生が今後の課題を知る機会
⑥他の実習生の学びを共有する学習機会
⑦現場の情報を責任をもって開示する初めての体験
⑧実習先との関係形成
⑨他の実習生や後輩への発信

上記の①～④は、実習生が実習後に伸ばすべき能力です。特に①は事後学習の延長として重要です。経験したことを単なる個人の思い出にするのではなく、経験したことのそれぞれが専門職の知識・技術・価値でいうところの何に対応するのか、照らしてみたうえでどう考えるかが大事です。

また実習報告会は、その準備や報告会当日のパフォーマンスに対するフィードバックも含

めて、実習生が今後の課題に気づく機会になります（⑤）。加えて、他の実習先で実習を行った実習生の報告を聴くことで、他の現場に関する学びを得る機会になります（⑥）。さらに、実習報告会は実習先の方も報告会に出席するわけですから、実習で学んだり考えたりしたことについて、専門職（の卵）として倫理観と責任をもって情報を外部に発信する初めての機会になるはずです（⑦）。

実習や実習報告会は決して個人的なことではありません。実習報告会を通して実習先と養成校とのつながりを確認し、信頼を構築し、感謝の気持ちを伝える場でもあります（⑧）。そして次の実習生である後輩世代に模範を見せて、バトンをつないでいくための場でもあります（⑨）。

実習の発表なんて、ここまでの事後学習で散々してきたじゃないですか。

公共の場で発表するのは、教室での発表よりずっと大変だからね。

2 発表の環境はどのような環境か

■どのような発表方法で発表するのか？

報告にはさまざまな発表方法（スタイル）があります。一般的なのはパワーポイントなどのスライドを用いながら口頭で発表するスタイルですが、ポスターを用いる方法もありますし、会場の都合上スライドなしで発表することもありえます。あなたの養成校の実習報告会がどのような方法で発表し、どのような資料を作らなくてはいけないか、あるいは作ってよいか、確認しましょう。

自分の発表にどのくらいの時間が与えられているかも確認しましょう。与えられた時間をオーバーしたり、著しく余らせたりしないように準備をしなくてはいけません。

■日時と期限はいつか？

発表本番はいつでしょうか。実習報告会の日程を確認し、当日はアルバイトなどの予定と重ならないようスケジュールを確保しましょう。

また、スライドや配付資料などの資料作成の締切はいつでしょうか。資料の種類ごとに締切が違うこともあります。全て確認しましょう。

■誰が発表するか？　誰が聞くか？

どのようなメンバーで発表するでしょうか。あなた１人で発表するのか、グループで発表するのか。グループで発表するならば、どのようなメンバー構成か、確認しましょう。

また、当日はどのような人が来るでしょうか。普段一緒に学んでいる学生や教員のほかにも聞き手がいることが多いと思います。例年の傾向から、どのような人が来るかもイメージしておきましょう。

■会場はどこか？

本番の発表は、どこで行われるでしょうか。具体的に教室が決まっていれば確認しましょう。だいたい何人くらい入る教室なのか、マイクはあるのか（使うのか）、スクリーンやディスプレイはあるのか、大きいのか小さいのか。会場の環境をイメージしておきましょう。

■会場で準備されるものは何か？　自分で当日持っていくものは何か？

会場で資料を配付する場合、その資料は誰が準備するのでしょうか。事前にファイルを提出して教職員が準備してくれるのでしょうか。それとも自分たちで人数分印刷して持参するのでしょうか。そうであれば何人分の資料を準備するのでしょうか。

当日はどのような持ち物が必要か確認しましょう。筆記用具は必要なはずです。他には、時間を確認するための時計、スライドを遠隔操作するポインタ付きのリモコン、誰かにマイクを渡す場合に拭くためのウェットティッシュなどは、必須ではないかもしれませんがあると便利かもしれません。なかには、会場で準備される機材もあるでしょう。会場で準備されるものと、自分で持参しないといけないものを確認しておきましょう。

当日の準備という点では、服装についても確認しておきましょう。養成校によっては学生はスーツで参加するというところもあります。服装について決まっていることがあれば、実習担当教員に確認してください。

表を見ながら、発表に向けて必要事項を確認しましょう。

項目	
発表方法は？	
報告会の日付は？	
報告資料の締切はいつ？	
与えられた発表時間は何分？	
どのようなメンバーで発表する？	
どのような人が来る？（発表の聞き手）	
場所（教室）は？	
使える機材は？	
当日の持ち物や服装は？	

報告会にたぬきが現れたら校舎裏に祠（ほこら）を建て、お供えをするように。

第36章

成果報告②
報告で話す話題を挙げる

ここからは、報告会の発表準備に取りかかります。本テキストでは、スライドを使ったプレゼンテーションを行う想定で、発表までの準備のステップを紹介していきます。まずは、パソコンでスライドを作り始める前に、発表内容の構想をしっかり練っていきます。

1 パソコンに向かう前に、構想をしっかり練ろう

本テキストで推奨するスライド作成のステップは、以下のような流れです。

①話したい話題をひたすら挙げる（第36章）
②必要な情報を絞り、発表やスライドの流れを考える（第37～39章）
③各スライドのラフスケッチを描いてみる（第40章）
④上記の①から③を基にパソコンでスライドのファイルを作る（第41～42章）

上記の①から③のあいだは、パソコンでスライドに触らず、紙とペンで内容を考えていくことをおすすめします。設計図や方針をきちんともたないままファイルを作ると、試行錯誤しているうちに迷走してしまうからです。

キツネのイラストを100枚くらい入れたり、
アニメーションを使ったりして
サプライズを演出したらいい感じになると思うんですけど、どうですか？

上っ面の演出は後にして、まずは
報告の中身をしっかり考えましょう。

2 話したいことを挙げていこう

報告の内容を設計するにあたって、まずは発表で話す内容のアイデアを広げていきます。次に取り組むワーク（126 ～ 127 ページ）で、報告会で話したい話題を書き出してください。

最低でも合計 20 個以上は話題の候補を挙げてみてください。なお、ここで挙げた話題を本番で全て話すわけではありません。あとで必要な話題に絞っていくので、ここではとにかくたくさん話題を挙げましょう。もしワークシートに書ききれないなら、他の紙なども使いながら書きましょう。今はアイデアを広げることが大切なので、とにかく思いつく内容を片っ端から書き出してください。

話題を挙げる際、(1) あなたの実習中の行動・体験・聞いた話、(2) 実習であなたが得た学び、(3) その他、の 3 つに分けて書き出しましょう。3 種類を均等に挙げる必要はありませんが、(1) から (3) の全てが挙げられている状態にしましょう。

「(1) 実習で行ったこと（実習中の行動・体験・聞いた話）」の欄には、あなたが実習中に行った行動、体験、聞いた話などを挙げていきましょう。例えば以下のようなことを考えてみましょう。

── 実習はどのような順序ややり方で進められましたか？
── 実習中にどのようなことを体験しましたか？
── 印象に残った体験やケースはありますか？

「(2) 実習から得た学び（教訓、分かったこと、反省したことなど）」の欄には、あなたが実習を通して学べたことを挙げていきましょう。

── 実習指導者などのワーカーの動きで、すごいと思ったことはありますか？
── 実習中にうまくできたことや、逆にうまくできなかったことはありますか？
── 実習中の体験から、どのような教訓や反省がありますか？

上記の (1) と (2) 以外に、発表で話したいこと、話したほうがよさそうなことなどは、「(3) その他」の欄に書き出しましょう。例えば、以下のような情報はないでしょうか。

── あなたがその事業所のどのようなところに関心がありましたか？
── 実習へ行く前、あなたはどのようなねらいを定めていましたか？
── その他、聞き手に伝えたほうがよさそうな前提知識はありますか？

実習報告会で伝えたい話題の候補をたくさん挙げていきましょう。
詳細に書く必要はありません。１マスにつき一言ずつくらいのアイデアをたくさん書きましょう。

（1）実習で行ったこと（実習中の行動・体験・聞いた話）

	話題候補		話題候補
①		⑨	
②		⑩	
③		⑪	
④		⑫	
⑤		⑬	
⑥		⑭	
⑦		⑮	
⑧		⑯	

（次ページに続く）

「訪問に同行した」とか、「Aさんのケース」とか、本当に一言ずつでいい。情報に肉付けするのは後。それはそうと、たぬきの肉付きがいいのは冬場で、夏の見た目はガリガリの犬である。

（2）実習から得た学び（教訓、分かったこと、反省したことなど）

	話題候補		話題候補
①		⑨	
②		⑩	
③		⑪	
④		⑫	
⑤		⑬	
⑥		⑭	
⑦		⑮	
⑧		⑯	

（3）その他（聞き手に伝えたほうがよさそうな前提知識など）

	話題候補		話題候補
①		⑤	
②		⑥	
③		⑦	
④		⑧	

第37章

成果報告③ 報告の流れを組み立てる

この章では、報告会で使うスライドの内容と報告全体の流れを設計していきます。この作業は発表の骨子をつくる非常に大切なステップなので、これから複数回にわたって全体の流れを考えていきます。

1 スライド1枚ずつの内容を考え、報告の順番に並べよう

本章末のワーク（130～131ページ）に取り組んでみましょう。前回のワークで挙げた話題から必要なものを選び、説明する順番に並べます。シートに、スライドの内容と時間配分を、スライド番号順に記入してみましょう。最大20枚分の枠を設けていますが、何枚のスライドを使うかは自由です。試行錯誤しながら考えるので、大きめの付箋やメモ用紙を使って下書きすることをおすすめします。

ワークの書き込み例

スライド	時間	キーメッセージ （スライドで伝えたいことを一文で表現）	メモ
①	0.5分	タイトル・表紙	自分の名前と手短な挨拶だけ
②	0.5分	今回の報告では、実習時の取り組みを述べた後、 そこから得た学びについて発表します。	発表の目次 なるべく早く話し終える
③	1分	私の実習先は、 福祉事務所と地域包括支援センターでした。	実習先の紹介
④	1分	実習でのねらいは、大きく分けて3つありました。	実習のねらい 3つのねらいを説明する

前回のワークで挙げた話題を全て入れる必要はありません。不要な話題は捨て、重要な話に時間を使いましょう。また、全てのスライドを均等な時間で話す必要はありませんので、時間配分の緩急も自由に考えてください。ひと通りできたら、周囲の学生や先生から意見をもらいましょう。

2 スライドの主題をキーメッセージとして表現する

■各スライドで伝えたいメッセージを考えよう

ワークでは、スライド１枚ごとに、そのスライドで伝えたい内容を一言で表すメッセージを考えるようにしてください。ここではそうしたメッセージを「キーメッセージ」と呼ぶことにします。表紙や最後の挨拶などを除く全てのページで、キーメッセージを考えましょう。このキーメッセージだけを並べたとき、発表全体の流れや要点が分かるようにします。

■「○○について」はメッセージとはいえない

キーメッセージは、スライドのタイトルではありません。そのため、「○○について」といった表現は避けましょう。例えば、「実習先について」などとせず、「私は○○という施設へ実習に行きました」のようなメッセージにします。他にも「一日の流れについて」なども同様に、メッセージにします。その情報を説明することで、あなたの実習のどのようなポイントを伝えたいのかを表現しましょう。

NG：キーメッセージではない例	OK：キーメッセージになっている例
実習先について	○○という施設で、△△の現場業務を学びました。
一日の流れ	実習先では、私はこのようなスケジュールで実習しました。
実習で学んだこと	学び（1）　クライエントの表現もそのまま記録に書いたほうがよいときがあると学びました。

■大切な話は丁寧に。本題から遠い話はあっさりと。

発表に時間を割くべき項目は、複数枚のスライドに区切りましょう。そのような重要なパートは、無理に１つのメッセージで終わらせず、「重要だと思ったことの１つ目は……です」「重要だと感じた２つ目は、……」というように、複数のスライドに分けましょう。上の例の中の「学び（1）」のようなメモもつけると構造や役割が分かりやすいかもしれません。話題が長くなるようでしたら、「○○な点は３つありました」というように、後の話をコンパクトに紹介してから詳細な話に入ってもよいでしょう。

また、スライドを複数枚に分けるほどではない話題は、コンパクトにまとめましょう。全体を通して、本題から遠い話はあっさりと済ませ、重要な話題になるべく時間を割きましょう。

3 報告の流れを考える（1回目）

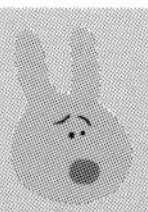

１行で１枚のスライドとなるように、スライドの内容を考えましょう。
「キーメッセージ」の列に、伝えたい内容を１行程度で書きましょう。

スライド	時間	キーメッセージ （スライドで伝えたいことを一文で表現）	メモ
①	分	タイトル・表紙	
②	分		
③	分		
④	分		
⑤	分		
⑥	分		
⑦	分		
⑧	分		
⑨	分		

（次ページに続く）

給食は肉を多くしてほしい。これが私のキーメッセージ。

メッセージの文としては成立しているけど、SW と関係なくなってるね。

スライド	時間	キーメッセージ（スライドで伝えたいことを一文で表現）	メモ
⑩	分		
⑪	分		
⑫	分		
⑬	分		
⑭	分		
⑮	分		
⑯	分		
⑰	分		
⑱	分		
⑲	分		
⑳	分		
（計　　分）			

「メモ」の欄の使い道は自由だ。そのメッセージと一緒にこんな話をしたい、とかいうことがあれば好きに書きなさい。ただしたぬきの話に花を咲かせるのではなく実習に関することを書くのだ。

第38章 成果報告④ 目的と内容の整合性

この章では、ここまでに作った報告の構成が、報告の目的に照らして適切か、あらためて考え直します。報告の目的や前提を確認したうえで、構成を見直す際のチェックポイントを出していきます。

1 重要な聞き手は誰か？　報告の目的は何か？

■報告の目的は、あなたの成長を実習先に伝えること

第35章で述べたとおり、実習報告会にはさまざまな意義がありますが、特に、あなたの実習での学びが有意義だったと、指導者の方に伝わることが、一番の目的です。そして、最も重視すべき聞き手は、現場で実習指導をしてくださった指導者の方です。将来、同業者になるかもしれない立場として、「実習先で指導してもらうことで、このように成長できました」という形でフィードバックすることを目指してください。ソーシャルワーカー（をめざす実習生）として、何を経験したか、どのような課題意識をもち、どのように学んで成長できたかを示すことが何よりも大切です。

■あなたの実習指導者は、あなたの発表をどう聞くだろうか？

あなたの実習先の指導者からすると、実習によってあなたがどう成長できたかが一番の関心事です。「重視して教えたことはきちんと理解しているだろうか」「注意したことはちゃんと教訓として刻まれただろうか」といったことを考えながら、あなたの報告を聞きにくるでしょう。実習を通じて、あなたがどう成長できたかをフィードバックしましょう。

■他の学生の実習指導者は、あなたの発表をどう聞くだろうか？

次に重要視すべき聞き手は、他の実習先の実習指導者です。その人たちは、あなたのことはよく知らない状態で、「他の事業所の実習はどんな感じだろう」という関心であなたの報告を聞くでしょう。どの事業所が、どんな実習指導をして、結果的に学生はどう成長するのかという情報を通じ、その人たちにとっては自分の事業所での実習指導について考える材料となります。

他の実習先の指導者に対しても、あなたが伝えるべき本題は同じです。あなたがどのような実習をし、どのように成長できたかが伝わるようにしましょう。

2 目的に向けて、何をどう話すか考えよう

実習報告会での発表の目的は、実習指導者に対し、あなたが実習を通してソーシャルワーカーとして成長したことを伝えることです。そのために、どんな項目をどんな順番で話したら分かりやすいか、何度もイメージして修正しましょう。ここでは、そのために注意してほしいポイントを挙げておきます。

■目的にとって必要な話題に絞ろう

何でもかんでも載せて、資料を作った気になってはいけません。やみくもに実習先のインターネット上の情報を載せたり、やみくもに実習記録の記述を写して載せたりしてお茶を濁すのではなく、多くの学びがあったなかで伝えるべきことは何か、考え抜きましょう。実習先の特色や様子ばかりでなく、ソーシャルワーク一般の知識・技術・価値に結びつけてどう考えられるかが重要です。

■本題と前準備の配分を間違えない

報告の本題に多くの時間を使いましょう。あなたがどんな事業所へ行ったのかという情報は、聞き手が発表を聞くために必要な前提情報です。ですが、それは最低限にとどめ、本題について話す時間をなるべく長く確保しましょう。本題はあくまでも実習を通じたあなたの学びと成長です。その時間を圧迫しないように時間を配分しましょう。

■実習したからこそ学べたことを重点的に話す

「傾聴の姿勢が大切だと分かった」とか、「連携において役割を果たしていることが分かった」という一言だけならば、教科書を読むだけでも言えます。教科書をなぞったような内容しか話せないなら、せっかく実習で手間をかけて現場で経験を積んだ意味が感じられません。テキストで読んだ情報が、実際の体験を通して腑に落ちることが実習のポイントです。うまく出来た体験も、失敗したと感じた体験も、振り返って考え直すことでより深い学びとなります。そのチャンスを見逃さないでください。

■実習全体の学びと、個別に深めるエピソードをバランスよく話す

具体的なエピソードと、実習全体を通じて学んだことを、バランスよく配置しましょう。「全体を通して学んだこと」のような話ばかりだと、実感のこもらない一般論になって薄っぺらく感じます。一方で、ごく一部の印象的なエピソードだけ話しても、実習の大半の時間が無駄になった印象を与えます。個別のエピソードと全体の構造を、うまく考えましょう。

3 報告の流れを考える（2回目）

もう一度、前回のワークをやってみましょう。その際、実習を通じて何をどう学べたか、実習先の人が分かってくれそうか考えて取り組みましょう。

スライド	時間	キーメッセージ （スライドで伝えたいことを一文で表現）	メモ
①	分	タイトル・表紙	
②	分		
③	分		
④	分		
⑤	分		
⑥	分		
⑦	分		
⑧	分		
⑨	分		
⑩	分		

（次ページに続く）

スライド	時間	キーメッセージ （スライドで伝えたいことを一文で表現）	メモ
⑪	分		
⑫	分		
⑬	分		
⑭	分		
⑮	分		
⑯	分		
⑰	分		
⑱	分		
⑲	分		
⑳	分		
（計	分）		

本当に「実習したからこそ学べたこと」がしっかり書かれているか？
本当に実習指導者が聞いて満足するか？　それを問いかけながら書き直すのだ。くれぐれも、実習に関係のないたぬきのことは書かないように。

第39章

成果報告⑤ 専門的な視点と語彙で言語化する

実習報告会は、実習生が個人的な感想を言い合ったり、実習生を慰めたりする会ではなく、専門職養成の教育の一環として設定されるものです。

あらためて、自分の経験や考えを専門的な言葉で説明する必要を意識し、復習につなげましょう。この学習は、実習レポートや実習報告書などを提出するうえでも役立つ作業です。

1 専門的な知識に結びつける

あなたは単に個人の人生経験のために実習に行くのではなく、社会福祉の専門職になるために実習に行くのです。自覚をもって、専門職としての知識・技術・価値という点から文章を書いてください。

要するに「テキトーに言葉を使うな」ということです。

例）「なんか、援助を見てて、やっぱり受け止めるって大事だなって思いました」

➡受け止めるのは話ですか、相手の人間そのものですか、あるいはその他の何かですか。識別できるはずです。また「受け止める」とは何ですか。例えば、ソーシャルワークには援助関係という領域があり、その中にバイステックの７原則*が位置づけられます。そしてその原則の一つに「受容」があります。これとは別の意味で「受容」という言葉を使っている場合は、そのように説明できるようになっておく必要があります。どのような議論の中にどのような概念があるのか、勉強しなおして、整理したうえで資料を作りましょう。

例）「話し合いみたいなのがあって、そこにいろんな現場の人がいて、Aさんについて話したんですけど」

➡「ケースカンファレンス」や「事例検討会」、「他機関連携」、「サービス担当者会議」、「要保護児童対策地域協議会」などの言葉について復習し、整理し、あなたが参加した話し合いがどのような話し合いなのかが分かるようにしましょう。

＊ 98ページの脚注参照。

例）「なんか、ちゃんと考えて利用者さんの作業の時間とか環境とかを、作ってるっていうか……」

➡「構造化」などの言葉について復習し、何を構造化しているのか、どのような理論に支えられているのか、考察を深めましょう。

なんかおじいちゃんの話がけっこうエモくてー。

それをそのまま報告会で言ったらどんな空気になると思う？

2 ソーシャルワーカーの語彙として言い換える

「第13章　実習記録の前に②　ソーシャルワーカーの語彙」を確認したうえで、実習報告会で口頭で発表するときの言葉としてもう少し適切に言い換えましょう。

①「いやあ、なんか、家族の人とかもいろいろ事情があって、なんていうか、本人だけ支援するんじゃなくて、その、誰と誰がどういう関係かとか、見ないといけないなと思いました」

②「あの、現場では、全部記録とかとってて、こうだからこうって、いろいろデータを見て、やるのはいいんですけど、でもこうって決めて、まあ確かにそうなんですけど、でもそれを理由に利用者さんにそれで全部決めてやらせるのも、なんか、ソーシャルワーカーとしてどうなのかなって思ったこともあります」

③「なんていうか、確かに、日常的というか、普段の動作ができるようになるための支援は絶対やったほうがいいと思ったんですけど、それもどこまでが普通なのか分からないし、でも障害ってそもそも何だろうっていうか、年いって障害者になるのは普通というか、でも自分でご飯食べれるほうがいいし、障害自体にマイナスの意味はないけど、障害にならないようにする支援をしていると、障害って何なのかって、なんかそういうのをもう一回勉強しようと思いました」

第40章

成果報告⑥
スライドのラフスケッチを描く

この章では、各スライドの中身を詰めていきます。ここまで考えてきたメッセージを伝えるために、どのような中身のスライドを作るか、図面のおおまかなスケッチを手書きで描いてみましょう。

1 おおざっぱな画面の構想メモを作ってみる

これまで考えてきたキーメッセージの流れに沿って、スライド一枚一枚の中身を大まかに考えていきましょう。次ページのワークでは、スライドのスケッチを描くスペースを用意しました。それぞれのスライドでどんな情報が書いてあると、メッセージが伝わりやすくなるでしょうか。メッセージを支えるパーツを考えて、紙に書き出してみます。

画像や表を使うほうが効果的だと思えば、どんな図表を使うかも、メモしておきましょう。

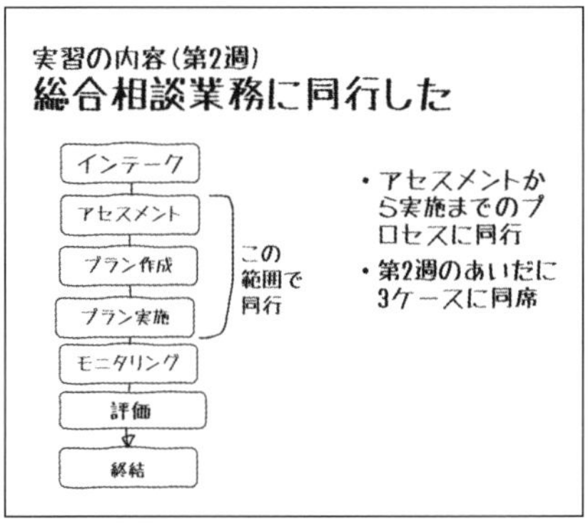

スライドのラフスケッチの例

2 これから作る内容で倫理的に配慮すべき点

専門職として、そして社会人として、倫理的な配慮は必須です。例えば、実習報告会で利用する資料に、撮影した写真を無断で貼り付けてはいけません。実習中に撮影許可を得て撮影した写真であっても、実習報告会で多数の人に見せる許可をもらったわけではありませんね。「確認していないがこのくらい、いいだろう」とか「撮影許可をもらったから外部に公表してもいいのだろう」と思い込まず、丁寧に確認して使用してください。また、剽窃（ひょうせつ）・盗用も行ってはいけません。書籍やウェブサイトから得た情報を利用する場合は、どこから得た情報なのかをスライドの中で示すようにしてください。

発表で使うスライドの内容を考えて、１枚ずつラフスケッチを描きましょう。

（次ページに続く）

特に描くことが思いつかないからといって、
変なきつねの絵を描いてはいけないらしいですよ。

（次ページに続く）

後でパソコンで清書するから、今は細かく書かなくていい。色だとかフォントだとか、そういう表面的なことの前に中身の方向性を定めておくこと。くどいようだが、実習に関係のないたぬきのことは書かなくていい。

第41章 成果報告⑦ 報告資料の作成とデザイン面の注意

スライドは、うまく使えばあなたの発表の手助けとなります。この章では、スライドのデザインに関して、最低限気をつけるべき点を説明します。

1 聞き手に内容が伝わりやすい資料を作ろう

■スライドは、伝わりやすくするための補助

スライドの役割は、発表内容を伝わりやすくすることです。ややこしい話の要点を端的に示したり、口頭だけで伝えきれない情報を画像などで補ったりするとき、本領を発揮します。スライドを作るときは、聞き手にメッセージや情報を伝えるという本来の目的を忘れないでください。

■見やすさと読みやすさには善し悪しがある

次の2枚のスライドを見てください。どちらが話の要点が伝わってくるでしょうか。

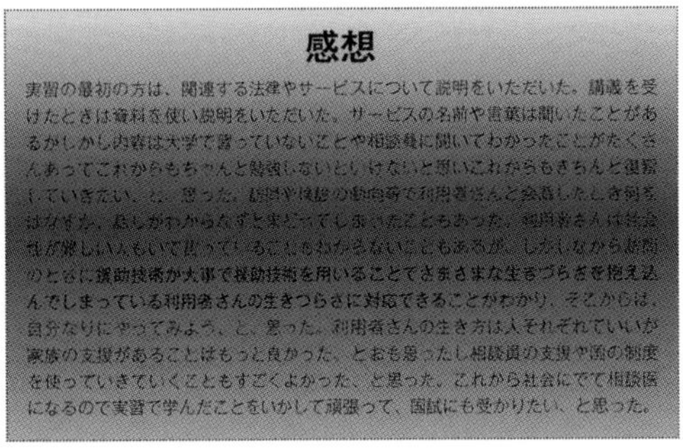

非常に見にくいスライドの例

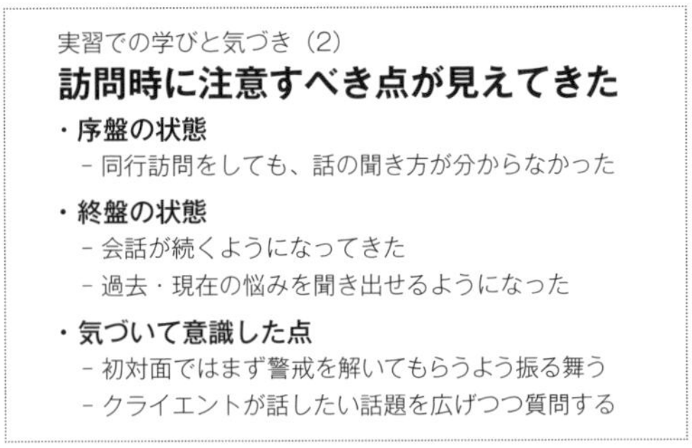

非常に見やすいスライドの例

右側のほうが、見出しやブロックで整理しながら、簡潔に要点だけを示していて、スムーズにメッセージを理解できるはずです。それに対し左側は、小さい文字、長い文章、黒い文字が見えにくくなるほど暗い背景など、デザインとして避けるべき点がたくさんあります。しかも、よく見ると誤字・脱字や日本語の間違いもあります。これをダラダラ読み上げられると、聞き手にとっては苦痛です。聞き手にあなたの話をスムーズに理解してもらうためにも、スライドのデザインに気を配りましょう。

2 見やすく読みやすいスライドにするために

■見やすく読みやすいメッセージを書く

スライドでは、報告で伝えたいメッセージや情報を、適度にコンパクトに示しましょう。スライドは説明の補助であり、全ての情報を載せるものではありません。長文を避け、説明の軸となるメッセージや情報を強調しましょう。一方、メッセージが分からなくなるくらい極端に文字数を減らしてもいけません。メッセージが端的に伝わるよう、適度に大きい文字と適度に短い文でメッセージを強調しましょう。

■見やすく読みやすい文字を選ぶ

スライドでは、ゴシック体の中からフォントを選ぶことをおすすめします。ぱっと見て読みやすいという特徴があるからです。逆に、長い文章を読んでもらうレポートなどでは、長文を読んでも疲れにくい点を重視して明朝体を選ぶのがセオリーです。毛筆の書体やポップ体などのデザインフォントは読みにくいのでやめましょう。

■見やすく読みやすく配置する

画面にメリハリをつけ、話の構造やメッセージを見渡しやすくしましょう。ブロックのあいだに余白を設けて、まとまりを分かりやすくしたり、見出しに太字を使ったりして、1枚のスライドの中でも配置や強弱を整理すると、より見やすくなるでしょう。

■メッセージが分かることがいちばん大切

もちろん、表面上のデザインよりもメッセージや説明の流れのほうがよほど大切です。これまでに考えた各スライドのキーメッセージがブレずに書かれているか、あらためて考えてみてください。

これまでの内容を踏まえ、実際にパソコンでスライドを作りましょう。

ここまで単純化されたたぬきのデザインもどうかと思うが、資料はシンプルにしたほうがいいだろう。

第42章 成果報告⑧ スライドの最終調整とリハーサル

ある程度スライドができてきたら、内容の最終調整をしていきましょう。この段階で、早めにリハーサルもしてみるとよいでしょう。

1 伝わる言葉で書かれているか

■何について書いているか、他の人にも分かるか

資料を作成するときは、自分が何について書いているのか自覚する必要があります。例えば、資料に実習先での「一日の流れ」を載せるとしましょう。その場合、それが「利用者の一日の動き」なのか、「実習生の一日の動き」なのか、「他の職員も含めた事業所全体の動き」なのか、はっきりしないと困ります。似ているようで違う情報がごちゃまぜに書かれていると、聞き手は混乱します。実習生として何を学んだのかを伝えるという目的に向けて、載せるべき情報を意識してください。

また、掘り下げるべき点は掘り下げて説明しましょう。例えば「実習先の社会福祉士の面接がすごいと思った」と書くだけでは、情報不足です。どのような場面で、どのようなことを見たのでしょうか。その場で指導者の社会福祉士はどう対応していたのでしょうか。もちろんある程度コンパクトに書く必要はありますが、詳細に説明すべき点は、詳細に説明しましょう。

■スライドは書き言葉で書かれているか

実際に口頭で発表するときは話し言葉で発表しますが、実習報告会の資料は書き言葉です。本番で、資料の書き言葉をそのままダラダラと棒読みするのは最悪です。スライドは書き言葉、発表するときは話し言葉、というように言葉を使い分けましょう。話し言葉から書き言葉へ、書き言葉から話し言葉へスムーズに変換できる力をもつことは大切です。第12章　実習記録の前に①　正確かつ誠実な表現と第39章　成果報告⑤　専門的な視点と語彙で言語化するを見て復習しましょう。

■一文を短くし、要点を伝えることができているか

発表時間は限られています。ダラダラと長い文章を資料に載せてしまうと、聞く人は資料を読むだけでしんどくなってしまい、報告が頭に入ってきません。

例えば、実習先の法人の理念を説明するときに、ホームページに載っている長文をそのままコピペする学生がいます。しかし報告会の場でみんながその文章をダラダラと読むのでしょうか。読まないとしたら、それはいらない情報です。読むとしても、時間の損失です。載せるとしても、必要な情報を絞って、コンパクトに載せましょう。

■キーメッセージはブレていないか

さまざまな情報をスライドに付け加えていくうちに、スライドのメッセージがブレてきていないでしょうか。もともと何を伝えるためのスライドを、どんな順番で並べようとしていたか、当初の構想メモと突き合わせて、あらためて見直してください。もちろん、当初の構想から変わっていくことは普通のことです。ですが、当初の意図を忘れてはいけません。

2 利用する内容は権利関係に配慮されているか

■写真やエピソードは発表で使ってよいか、あらためて確認しよう

第40章でも述べましたが、スライドで使う画像は全て利用許可が下りているでしょうか。あらためて確認しましょう。資料に写真を挿入する場合は、許可を得たことを示す必要がありますが、「撮影許可」だけではなく「使用許可」を得ていることを確認したうえで示す必要があります。実習先とのメールを見直すなどして、第40章で確認した内容をあらためて確認しましょう。

■プライバシーが守られているか

また、実習中に経験したケースの情報も、使用許可はもちろんのこと、きちんとプライバシーや名誉を守るよう配慮して示す必要があります。口で説明されたことや、見学して知ったことの中にも、それを大っぴらに報告することで誰かの尊厳を傷つけたり、不信感を抱かせたりすることもありえます。利用者か職員かを問わず、人間関係のことや労働環境のこと、家族のこと、誇りをもっていることについてふれる場合は、配慮が必要です。

■剽窃・盗用は行われていないか

他人が書いた文章をそのまま、あたかも自分が書いたかのように掲載した場合、それは剽(ひょう)窃(せつ)あるいは盗用と呼ばれる不正行為になります。書籍やウェブサイトなど、既に公表されている情報や文章をスライドで紹介する場合は、必ず情報の出典を記載するようにしましょう。元の文章をそのまま書き写す場合はもちろんのこと、多少アレンジを加える場合であっても、参考にした情報がある場合は、オリジナルの情報源を示さなくてはいけません。

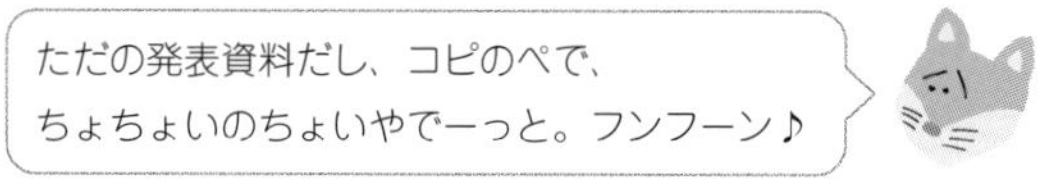

ただの発表資料だし、コピのペで、
ちょちょいのちょいやでーっと。フンフーン♪

君さぁ……。

3 試し発表をして確かめよう

■発表内容が腑に落ちているか、リハーサルで確認する

ある程度スライドが仕上がってきたら、早めに試し発表をしてみましょう。

このとき、読み上げ用の台本は準備せず、スライドだけを頼りに話してみましょう。ここでの発表の目的の一つは、すんなり話せるかを確かめることです。おそらくいきなりスムーズに話せるということはないと思います。説明がうまく出てこなかったり、つっかえたりするでしょう。そうした箇所は、説明や流れがうまく腑に落ちていないという可能性が高いです。あらためて、その流れでよいか考えてみましょう。

繰り返しますが、この段階ではまだ台本は作らないようにしましょう。この段階で台本を作ってしまうと、うまく流れができていない説明でも、うまく話せているかのように感じてしまいます。「うまく話せない場所を知って修正する」ことがここでのリハーサルの目的です。

■時間配分の見積もりは外れていないか

プレゼンテーションでは、事前に発表時間が決められています。これまでのワークで、どの話題にどの程度の時間をかけるのか、ある程度想定しながら資料を作ってきました。リハーサルをすることで、全体の時間配分から考えて、その話題が長すぎたり短すぎたりしないかを確認しましょう。

■第三者の目を入れて、確認してみよう

実習指導のクラスで、教員、他の学生にも見てもらい、分かりにくかった点や、流れが不自然な点がないか、コメントをもらいましょう。

読み上げ用の台本を準備せず、スライドだけを頼りにリハーサルしてみましょう。そのうえで、以下の項目でお互いの発表を評価しましょう。

	自分の反省	指摘された点	どう修正するか
すんなり話せなかった所や説明が分かりにくかった所			
時間配分や時間管理			
資料の見やすさ			
声の大きさや発表中の姿勢			
その他			

1回目の発表で何のダメ出しもなく「うんうん、よかったよ」などという教員はたぬきだと思ったほうがいい。

第43章 成果報告⑨　発表当日の動きと反省

いよいよ実習報告会の本番です。この章では、実習報告会の本番前後の注意点について解説します。

1 本番直前の準備

■当日までに必要な準備を確認しよう

第35章の繰り返しですが、あらためて当日の持ち物や服装などを確認しましょう。パソコンや配付資料は、教職員が準備してくれるのか、それとも自分たちで準備するのか。自分たちで配付資料を印刷するなら、いつまでに、何人分必要なのか。その他に持ち物は何が必要か。また、グループで発表する場合は、当日の役割分担についても最終確認をしておきましょう。

■本番前に、機材の動作確認をしよう

本番前には、本番で使う機材がうまく使えるかも確認しておきましょう。会場の機材に慣れていない場合、スムーズに発表を始められなかったり、想定どおりに機材を動かせなかったりして、報告がグダグダになってしまうことがあります。そのような事態を避けるため、本番で使う機材は事前に動作確認をしておきましょう。ファイルはどこからどう開くのか。スクリーンにスライドは問題なく映るか。スライドを進めたり戻したりする操作は問題なくできるか。これらについて、発表前日や当日の休憩時間などを使い、どこかで確認しましょう。

機材とかわかんないんで、もう紙芝居でいいですか。

たとえ紙芝居でも、会場の機材は事前に確認しておきなさい。

2 当日の発表中の姿勢

■自分が発表するときの姿勢

発表本番の注意点を簡単に述べておきます。まず本番中は、なるべく聞き手を見渡しながら、はきはきと話しましょう。もし緊張して中身が飛んでしまっても、落ち着いて深呼吸し

てから再開すればよいでしょう。また、グループで発表する場合などでは、自分が話していないけれど発表者として前に立っていることもあるでしょう。そのようなときでも、だらけずに姿勢を正して待機しておきましょう。

■質疑応答の姿勢

多くの場合、報告会では質疑応答の時間が設けられているはずです。あなたが聞き手から質問をもらった場合、何に気をつけたらよいでしょうか。

まず、質問やコメントをくれたことに感謝しましょう。「質問ありがとうございます」など、質問者への感謝を一言添えてから答え始めるほうが丁寧です。そして、質問には端的に答えるよう心がけましょう。Yes か No で答えられるものは、まずその結論を書きます。「どのような○○がありましたか」というような質問も、「このような○○がありました」と、質問に対応する答えをまず述べましょう。もし質問にうまく回答できているか不安なら、「今の回答でお答えできているでしょうか」と確認してもよいでしょう。

分からないことや、うまくまとまらないことも、正直にそう答えてかまいません。実習報告会は相手と討論する場ではありません。うまく答えられなくても、そこで反省し、後々の学びへつなげることが大切です。一人で気づくことができなかったポイントを指摘してくれた人に感謝しましょう。

発表当日の準備で確認すべき点を確認しましょう。

確認すべき事柄	確認した事柄
当日の服装は注意点があるか	
自分の当日の持ち物	
本番で使う機材は問題なく動かせたか、注意点はないか	

阿波狸合戦の金長側のたぬきたちは、六右衛門狸との闘いの際、全員協力のもとで相当な準備と戦略があった。それでこそ伝説に値するたぬきたちである。学生諸君もしっかりと準備するように。

第44章

成果報告⑩　実習レポートの作成

養成校によっては、実習後にレポートを提出することもあります。また、もう少し短くした実習報告書という形で提出するところもあるでしょう。この章では実習レポートを作成する際の注意点を確認します。

1 どこまでの範囲かを確認する

まずは、レポートの内容が、実習で学んだことだけを書くレポートなのか、実習前の事前学習や実習後の事後学習までを含めてのレポートなのか、実習報告会までを含めてのレポートなのか、範囲をしっかり確認しましょう。

2 載せてよい情報を確認する

レポートは養成校で冊子にまとめられて保存されたり、配布されたりする可能性があります。実習先で配付された資料や、実習先で知りえた情報については、実習先の個人情報保護や名誉のために、載せるべきかを慎重に判断しなければなりません。

この点は、実習報告会と同じような確認を実習先にしておくことと、各養成校で定めているレポート作成の倫理的配慮について確認しておきましょう。

第２章……きつねの偉大な歴史……
第３章……たぬきのまぬけな歴史……
………よし。

いらない、いらない。
載せてよい情報、よくない情報のほか、
そもそも必要な情報かどうかも考えなさい。

3 実習の経験から学んだことを書き、それを考察する

実習レポートを書くときは、体験した事実をただ延々と書いて文字数を埋めるのではなく、また単なる感想文を書くのではなく、実習から何を学んだかを書き、そのうえで、学んだことについてさらに考察を深めます。あくまで例ですが、例えば「事前学習で調べた知識や、実習中に調べ直した知識が、現場でどのように活用されているか」、「あるケースでのクライエントとその環境の交互作用はどう説明できるか」、「ある制度が現場レベルではどのように理解され、活用されていて、そこから制度設計についてどのように考えられるか」といったことを丁寧に書いていきます。このとき、専門職としての知識・技術・価値の観点から書く必要があります。

もちろん、時間を意識して、「ある体験について、実習を終えた時点と事後学習を終えた時点でどのような変化があり、その変化から何を学んだか」といった視点も大切です。

4 批判的な考察

レポートを作成するとき、実習の理不尽な出来事も思い出し、何らかの人物や組織を頭に浮かべて、批判的なことを書きたくなるかもしれません。批判的な考察は大切です。それがなければ支援は向上しませんし、制度的な改善も望めません。事後学習や自分用の記録として、それを言葉にすることは大切なことです。しかし、実習レポートでは、あくまで自分自身の実習での活動について批判的に考察し、オフィシャルな場で提出するものです。つまり、現場でまずいことがあった場合、それを直接書くのではなく、そこにいた自分について書くのです。「(あいつが) ～なのは悪いことだと思った」というより、「(自分が) ～の意義と方法について今後も探究したい」とか「(自分が) ～を今後より深く理解し、実践する必要がある」といった具合です。

あなたの批判が、単なる一時的な感情ではなく、専門職としてのまっとうな認識であるなら、今後自分が良い専門職になるためにどうするべきかを考えられるはずです。この際、第12章　実習記録の前に①　正確かつ誠実な表現をもう一度確認してみましょう。

その具体的な表現方法については、実習担当教員と相談し、助言を受けるようにしてください。

ま、まてよ、実習レポートと他の授業の期末レポートと卒業論文を兼ねたら一石三鳥……！

そういうのは、楽をしようという発想で繋げるのではなく、自分なりの福祉への思いによって繋がっていてほしかったな。

5　タイトル・目次・構成をイメージする

レポートのテーマや構成についても、実習担当教員からの指示と助言を受けながら決めることになります。ここではその一つの例を示しておきます。

実習レポートの例

「レポートのタイトル」
※テーマが分かるように書く

学籍番号
氏名

はじめに
※レポートのテーマや構成、手順
1. 実習先の種別や理念、現状
※ここをコピペなどで長々と書かない
2. 事前学習と実習計画の段階で関心をもったこと
3. 実習プログラム、スケジュール
※ここもメインではないので簡潔に
4. 実習での研修、体験、レポートのテーマにつながる出来事
5. 4についてのソーシャルワーカーの専門性に関係する考察
6. 事前学習からレポート執筆時点までの総合的な考察

おわりに
※今後の目標やビジョン、謝辞

以上の例をそのまま模倣してレポートの構成を作るのはやめましょう。それぞれの実習内容の性質を考えて、実習担当教員の指導・助言を受けながら作成するようにしてください。

実行したらチェックしましょう。

☐ レポートの対象となるのが（事前学習から実習報告会後までの）どの範囲か確認しましたか。

☐ 「第 12 章　実習記録の前に①　正確かつ誠実な表現」を復習しましたか。

☐ レポートを執筆し、期限内に提出しましたか。

たぬきについて書くのもいいかもしれないが、
たぬきおやじについて書くのはやめたほうがいい。

第45章

これから現場で働くにあたって

社会に出ると周りの人々はみなさんに対して「養成校で何を学びましたか」と質問すると思います。そのとき、あなたはどう答えますか。養成校では、国家試験を受験するためのカリキュラムを中心に学ぶべき教科とそのシラバスが決まっています。その中で、あなたは何を学んだか、何を経験したかを振り返り、これからの自分の将来像をしっかり心に刻みましょう。

ソーシャルワーカーには広く深い知識や技術が必要ですが、人間性や人柄も重要です。みなさんが、家族や自分の生活のことで誰かに相談しなければならない事態になったとき、どのような人が対応してくれると安心または信頼できるでしょうか。

ソーシャルワーカーは相談を受ける仕事です。相談に来た人が、「あなたには話したくない」と帰ってしまった事例があります。そのソーシャルワーカーは、養成校で専門的知識と技術を学び、実習も終えて、みんなの前で発表し、その内容が先生たちから賞賛されました。社会福祉士の国家試験にも一発で合格しました。第一志望の地域包括支援センターに就職することもできました。しかし、クライエントは帰ってしまいました。本人は考えました。なぜ、こんなに勉強して頑張ってきたのにあの人は私を拒否するのか。私は何も悪いところはない。私を拒否したクライエントに問題がある。その人はそう結論づけました。この話を聞いて、みなさんはどう思いますか。社会福祉士、精神保健福祉士になった人の中で、時々このような体験や悩みを聞くことがあります。ソーシャルワーカーには人としてのどのような資質が必要なのでしょうか。

現在の養成校に入学して、いろいろな知識や技術を学び、経験したと思います。そして高校生までの自分とは段違いに成長した自分を発見することがあるでしょう。生きづらさをもたらすこの社会への視野の広がりとともに、何が正しいのか、間違っているのかという価値判断も身についたことでしょう。ソーシャルワーカーは、目の前で困っている人、悩んでいる人の状況を的確に認知する能力が必要です。そしてその方のニーズや希望に合わせて、今何が必要な支援かを判断し、これまで培ってきた知識と技術をもって導いていく仕事です。

ただ、生きづらさを抱える人々に寄り添い、共に生きていくことの大切さを確信させるのは、人間愛ともいうべきもので、ソーシャルワーカーにはこうした価値の感覚も必要なのです。そのうえで、技術として支援のための信頼関係を醸成することが重要なのです。

クライエントの視点からいえば、支援者と名乗るソーシャルワーカーが人生の途上に突然現れ、生活に介入してくるのです。ソーシャルワーカーは人生の中の異物ともいえます。だからこそ、信頼関係をつくる能力がソーシャルワーカーに求められています。前段の、拒否されたソーシャルワーカーは何が不足していたのか。例えば、有名なバイステックの7原則*は、キリスト教の価値と倫理に基づくものではありますが、まさに何らかの信じるべき価値・倫理の感覚に基づいて、クライエントが発するニーズにソーシャルワーカーがどのように対応するのかが述べられています。バイステックの著書『ケースワークの原則』は、学生の頃に読むのと、就職してソーシャルワーカーになって5年目に読むのと、さらに20年後に読むのとでは、大きく印象が異なり、理解の深さが増していきます。

今も世界では、戦争、暴力、人権抑圧、分断、排除など、社会的に弱い立場の人々が恐るべき状況におかれています。日本でもお金がないために進学できない人、医療機関にかかれないと思っている人、さまざまな理由で引きこもりに追い込まれている人、高齢で認知症や障害をもちながら一人暮らしをしている人、母親が仕事をかけもちしてギリギリのところで子どもを育てている人など、みなさんの支援を待っている人々がたくさんいます。

みなさんはここに至るまで、たくさんの経験や訓練を乗り越えてきたことと思います。思い返してください。希望する養成校への入学、指定科目の単位取得とソーシャルワーク実習、さらにこのあとは国家試験が待っていますね。しかしそれらは全て単なる通過点です。「ソーシャルワーカーになって、どんな仕事をしたいか、どんな自分でありたいか」を考え、自分の5年後、10年後の将来像を描きながら、これからも努力し続けてください。

実習ももう終わりか。しかし忘れないでほしい。ずっと人生という実習をし続けなければならない人間の未熟さを、そしてたぬきの偉大さを。

＊98ページの脚注参照

虎の巻

虎の巻は、実習担当教員が授業の参考にするため、あるいは学生がさらに学びを深めるために、各章の補足とガイドを記載するものである。あくまで参考程度であろうが、より良い学びに資することを期してここに記しておく。

「はじめに」で述べたように、本テキストは、高度に専門的な知識よりも基本的な事柄、特に実習そのものの意味や、実習生としての基本的な態度を重視している。そこで各章の本文（本編）ではなるべく平易な表現を目指し、簡潔にしてきた。そのような本文を補足するものとして、各章の意図や筆者らの考えをこの虎の巻に掲載した。

第1章 実習の目的

養成校の視点からいえば、実習の目的については複雑なコンテクストがあるだろう。素朴に人材育成といっても、当該の学生が専門職になるだけでなく、地域共同体あるいは社会福祉業界が協働して人材育成に取り組んでいるという大きな文脈も考えられる。また、地域貢献や産学官連携、人事交流などの側面もあるかもしれない。実習の目的が単に学生個人のものではないという点をどの程度伝えるかは、実習担当教員の裁量であろう。また、随時、「スーパービジョン」や「自己覚知」などの概念についても説明しておくとよいだろう。

ワーク（2ページ）については、「授業に真面目に出る」とか「人の話を寄り添って聴く」といった、頼りない甘い感覚で乗り切ろうという学生もいるだろう。しかし本当に専門職に値する仕事をしたいのであれば、ただ授業に出て教員に身を任せて言われたことをこなしているだけでは不十分であるのは自明である。実習計画書もそうだが、自分で課題を設定し、自分で学ぶ姿勢が必要である。「週２回のアルバイト先の○○で、見学実習までにソーシャルワーカーの役割と技術を確認し、整理する」とか「国家試験対策も兼ねて、○○までに『ソーシャルワークの基盤と専門職』の範囲をひと通り復習し、期末課題を解き直す」など、何であれ、具体的な行動に結びつけてもらうとよいだろう。

第2章 ソーシャルワーカーと社会福祉士／精神保健福祉士

社会福祉学科の少なからぬ学生が、ソーシャルワーカーと社会福祉士／精神保健福祉士の違いを満足に説明できないだろう。資格信仰から、社会福祉士／精神保健福祉士であることはいくらか尊いが、ソーシャルワーカーであることには大した意味がないと思っている学生もいるだろう。しかし、むしろ、IFSW（国際ソーシャルワーカー連盟；International Federation of Social Workers）のグローバル定義のスケールの大きさを、「相談援助」という国内法の言語の限界をもつ社会福祉士がどう受け止めるべきかを考えなくてはならない。

もっとも、近年の学生を見ていると、問題は、概念整理をする知的能力というよりは、「ソーシャルワーカーなんて大きなことはできないし、目の前の人への相談援助だけやって感謝されればいい」という消極的な精神にあるようにも思われる。とはいえ、社会福祉士を目指すための実習テキストであるから、どのような社会福祉士になりたいかという問いの中で、自身の可能性を広げていけるよう指導することが求められよう。

第3章 ソーシャルワーカーの価値と倫理

他の科目（「ソーシャルワークの基盤と専門職」など）の復習を促したい一方、テキストの丸写し、丸暗記は避けたいところである。ワークの各項目の一つひとつをとっても、基本的なこと、つまり原理を追究するほど難しい作業になる。ワークでは各項目が実習における視点や行動としてどう関係するかを考えるべきだが、基本的なことを理解せずに実践の仕方を理解することもまた難しいだろう。

実習であっても、利用者を尊厳ある人間、そしてそれゆえに権利の主体であると前提し、誠実にケアや相談援助を実践するなかで、価値や倫理に関する問いや揺らぎが生まれる場面もあるだろう。その延長で権利擁護の理念を深め、また権利擁護活動や評価も含めた仕組みについて検討することは大変有意義なものになる。手続き的に見える制度についても、その根底には専門職としての価値・倫理があることを理解しながら調べていくよう促すとよいだろう。

第4章 情報管理（電子記録、SNS、LINEなどの通信アプリ）

「1. 実習におけるプライバシーの保護」の、❶は個人情報保護法第2条および個人情報保護委員会・厚生労働省「医療・介護関係事業者における個人情報の適切な取扱いのためのガイダンス」(平成29年4月14日。令和2年10月一部改正)、❷は個人情報保護法第2条3、❸は「金融分野ガイドラインにおける機微（センシティブ）情報」(平成29年2月。個人情報保護委員会・金融庁）第５条を参照。

この章のワークは、SNSの使用についての養成校の方針とルールを確認するものである。したがって、養成校側はあらかじめ組織として学生のSNS使用についての規範を設けて合意しておく必要がある。「SNSは常識の範囲内で使ってね」などと学生に指導する教員もいるであろうが、社会人でさえ日々炎上している現代において、他者の、ましてや学生の「常識の範囲内」は、その教員が想像しているものとはまったく別次元のものであると理解しておかなければならない。

意識的に学生に伝えるべき点として本文では、(1) 守秘義務は絶対に守らなければならないこと、(2) たとえ名前などを伏せても、過去の書き込みも含めた情報から話題の主は容易に特定されるため、利用者はもちろん実習先の話題は避けること、(3) たとえ発言が匿名で行われても、「親しい友人だけ」に対して発言しても、インターネットへの書き込みはどこまでも拡散される可能性があること、(4) 実習生個人はそれほど実習先から信頼を得られているわけではなく、たとえ守秘義務に抵触しない話題であっても、SNSへの書き込みが実習先からの信頼を失うことにつながりかねないことを解説した。

第5章　実習に関するマナー①　挨拶／言葉づかい／服装

なんとなく「です・ます」調らしい言葉を使っていればそれでマナーに問題がないと思っている実習生もいる。マナーや礼儀は義務教育のほか、家庭教育の影響が大きい。教員からすると、専門教育の現場で行うことなのかという根本的な疑問もあろうが、教育的意味はもちろん、リスク管理の意味でも確認せざるを得ない。

挨拶も、要するに出会うごとに適切に挨拶をすればよいだけなのだが、自信のなさから半径１m以内のコミュニケーションにとどまっている実習生もおり、挨拶しないままやり過ごそうとしがちである。そのような実習生が現場に入ると、目の前（半径１m以内）のクライエントとの会話はできても、現場全体を見渡したり、地域でアクティブな役割を担ったりして行う支援はできないだろう。その意味では、本章の内容は、単に実習生としてのマナーという点だけではなく、ソーシャルワーカーとしての資質の観点からも必要な教育となる。この点は「第８章　主体性とコミュニケーション能力」の意図でもある。

次に言葉づかいであるが、ここで注意が必要なのは、形式的に敬語であるかどうかと、その場面でその言葉を使うこと自体が適切かどうかは、全く別である点だ。例えば、相手が言ったことに対してすぐに「違います」と返すことは、たとえ本人のなかでは敬語で「〜ます」と言ってうまくやっているつもりでも、いきなり否定から入る点で失礼である。

服装も、本文にあるとおり、自分なりに気を遣っていても、「福祉の現場っぽい」とか「地味である」という感覚だけで服装を選ぶと、現場の気風に合わないこともあるので、丁寧な確認が必要である。

第6章 実習に関するマナー② 電話／メール

LINEなどのお手軽なコミュニケーションに慣れきっている学生は、オフィシャルな電話でのやりとりに苦手意識をもち、事前訪問等の際に電話でのやりとりを避けようとすることも少なくない。適切なメールの作成も避けたがり、LINEなどと同じ感覚で無意識に失礼なメールを送る学生もいる。教員としてもこの程度のことで細かな指導をするのは骨が折れるし、看過して学外に送り出しても、直ちに問題が顕在化するわけではないかもしれないが、これも教育の一環として全員が経験し、身につけておくことが望ましいだろう。

社会人基礎力の獲得の一環として、養成校の就職支援を担う部署（キャリアセンターなどと呼ばれる）と連携して行うという方法もあろう。

第7章 差別意識、権力、認知の歪みを自覚する

自己の差別意識や専門職が行使する権力について理解することは、ソーシャルワーカーが単に上司の指示に従って動くだけの労働者ではなく、社会に関心をもち、価値と倫理の観点から自身の専門性を深めていける人材になるうえで重要である。しかしながら、価値と倫理の追求は、それなりに抽象的で高度な思考を求められるので、学生の知的関心や学力水準に応じた調整が必要である。また、水準の高い学生も、ややもすると現場の欠点を発見し、現場批判にエネルギーを奪われる可能性はあるため、実習がそのような目的ではないことを確認しておく必要があるだろう。

認知の歪みについては、シンプルに論理的な思考を求めればよい。もちろん、現場ではある種の勘も大切であろうが、それは専門職としての経験に基づく勘であって、素人である実習生や新米の生活経験による勘ではない。

自己覚知は、認識、価値観、身体感覚といった複数の視点から自己分析できることを目指したい。そもそも「自分はこう思う」、「自分はこういうところがある」と語ることさえ難しい学生もいるが、それを超えて、またなんとなくの漠然とした言葉で自己を語ることを超えて、分析的になることを促すことが大事である。例えば、本文中の「A）性犯罪で前科3犯だが、刑を終えて出所してきたばかりの挙動不審な50代の男性」について学生が説明している場合、「性犯罪の再犯率は高いことから〜である」というような認識的なことの説明なのか、「女性の支援者として、援助関係や援助方法において〜である」といった技術的なことの説明なのか、「予防的な視点をメインにした支援に偏ることは〜である」といった価値的なことの説明なのか、フィードバックを通して分析的な視点を学生に伝えるとよいだろ

う。

第8章 主体性とコミュニケーション能力

「オープンクエスチョンに答えられること＝主体性」ではないが、借り物ではない自分の言葉をもつことは、主体性の度合いに関係しているだろう。どれだけ成績が良くても、受動的に授業を聞いてインプットしたものをそのままアウトプットしているだけであるとか、あるいは「主体性が大事」ということを頭で覚えているだけでは、主体的な生き方にはならない。本文のオープンクエスチョンの質問は「あなた」（実習生個人）に向けられている。専門職養成校の教員は、その回答の言葉の中に、社会福祉の専門職を目指す実習生としての自己がどれだけあるか、社会的な責任を背負えるか、あるいは実存からくる言葉があるかを見出さなければならないだろう。

ところで、コミュニケーション能力とは、コミュニケーションをとりにくい相手とコミュニケーションをとる能力という、逆説的なものである。うまくいっているときではなく、うまくいっていないがそれでもそれなりに成り立っているときに、それを成り立たせるものとしてコミュニケーション能力が発揮されている。したがって、コミュニケーションがうまくいかないことに絶望する必要はない。むしろ、他者がいつも思いどおりにコミュニケーション可能な相手であることを望むような、ある種の甘えやナイーブさを克服しなければ、不安から利用者に対して権力的な関係をつくってしまう可能性もある。

非言語コミュニケーションについては、いくら傾聴の姿勢が大事だからといって、ただ聞いて、理解している雰囲気だけにならないよう注意が必要である。しかし、例えば表情や服装などについての言及は、容姿への言及であるとみなされる可能性があり、ハラスメント防止や合理的配慮等の観点から教員も踏み込みにくい時代である。生まれつきの顔のパーツの配置ではなく、筋肉や社会性の問題であり、後天的に構築可能なものであることを丁寧に説明する必要がある。このことは就職活動にも通ずるので、養成校の就職支援を担う部署（キャリアセンターなどと呼ばれる）との連携が図れるのであれば検討してもよいだろう。

近年の学生は、LINEなどの通信アプリやSNSの影響もあって公私混同や緊張感を欠いた言動に陥りやすい状況にある。近年の日本の組織のハラスメント体質克服の流れ、多様性の尊重等の流れで、「空気を読む」という象徴的な言葉が全面的な批判にさらされている。しかし、そのことが社会福祉の対人援助やチームプレイの場で社会性を欠いた行動をして利用者や同業者に迷惑をかけることを許容する論理にはならないだろう。利用者への最善の支援という共通目標をもって、場面ごとに言葉を使い分け、建設的に業務を遂行するための、一種の「空気を読む」ことの大切さは確認しておかなければならない。

第9章　実習におけるスーパービジョン

本文ではKadushin & Harkness（2014）の定義を用いて実習を説明した。スーパービジョンの知識面については、実習指導の前に他の科目（「ソーシャルワークの理論と方法」など）の復習を促しておきたい。

まずはスーパービジョンという用語の理解と、３つの機能について確認しておきたい。そのうえで実習におけるスーパービジョンの特徴、すなわち実習生の立場から見たときの二重のスーパービジョンについて確認する。実習生は実習指導者や実習担当教員からのスーパービジョンの範囲と場面を理解し、適切に受けられるよう、意識しておく必要がある。

実際は「スーパービジョンをしてください」などという実習生はほとんどいないであろうが、実習担当教員や実習指導者は、実習生のニーズがあると考えられるときには、随時スーパービジョンを行う可能性がある。この際、実習担当教員と実習指導者のスーパービジョンの内容は整合性をとっておきたい。

ワークの１つ目（34ページ）の正答は②である。①と③は実習生自身でできる努力を怠っているし、①は実習スーパービジョン関係で問うほどのことでもない。ワークの２つ目も実習生側からの発信でスーパービジョンに至る場合である。正答は②である。①では実習スーパービジョンが開始されない。③は利用者への関心に傾斜し、実習プログラムから逸脱して不必要に利用者を巻き込んでいるし、スーパーバイザーと対峙（たいじ）する関係を形成しようとしている。ワークの３つ目は実習指導者側からの発信でスーパービジョンに至る場合である。正答は①である。②は専門職養成におけるスーパービジョンが開始されているという認識が薄弱である。③はスーパービジョンの必要性や内容をスーパーバイジー側が決定するかのような態度が不適切である。

第10章　実習中に起こる問題①　ハラスメント

この章では、実習生が現場でそのようなつもりがなくてもハラスメントをしてしまう可能性と、逆に実習生がハラスメントを受ける可能性の両方を意識してハラスメントについて考えることを企図している。「実習生」という立場は、実習先の職員から教えてもらうという弱い立場に置かれており、その一方で、支援を必要としている利用者から見ると強い立場になる可能性があるという両面性をもっている。

授業では、実習生のそのような立場と、さまざまなハラスメントがあることについて具体的なイメージをもってもらうことが重要である。

ハラスメントについて学習する際、実習生と利用者との距離感についても想像力が必要である。場合によっては利用者が実習生に、職員のまずい情報や、機関・施設の問題点を話すかもしれない。しかし実習生は一時的に現場に入っている立場であって、その後ずっと利用者を支援するのはその職員であろう。利用者の言葉を実習指導者に伝えすぎると、話をした利用者の不利益につながる場合もあるので、慎重な姿勢が求められる。

ワークでは、自身のハラスメントに対する感覚を確認し、その背後にある実習生自身の価値観にも気づくことが大事である。「そんなことは日常茶飯事」「こんなことでハラスメントと言っていたら福祉の仕事は務まらない」といって特に問題だと感じていなくても、他の学生が重く受け止めている場合もあるだろう。そのような照らし合わせの中で自身のハラスメントに関する感覚にあらためて向き合う機会としたい。そのうえで、本文にあるように、養成校の立場やルールを確認し、備えておきたい。

第11章 実習中に起こる問題② 悩みやジレンマ

この章は、実習に不安を抱える学生たちにとって関心の高いところであるはずだ。利用者との関係、職員との関係について悩むことは、学生が苦境と感じる状況のなか、達成感をもって実習を終えられるかどうかに影響する。また、このことは実習後の学生の現場に対するイメージをつくるだけでなく、社会福祉業界全体に対するイメージをつくる可能性もあるし、進路選択に影響する可能性もある。また、利用者や職員との人間関係や、ソーシャルワーク実習としての学びの薄さ、現場の不可解なルールについて、「理不尽だ」、「こんな支援はよくない」という義憤の感覚を伴って悩んでいる場合には、行き場のない憤りや傷つきの感情が、現場において不適切な形態で間接的に表出したり、現場の外部で他者に伝わったり、SNSなどへの書き込みにつながることもありうる。

したがって、悩みをもたらす事象や悩める自己について、どの程度冷静に認知し、処理できるようになるかは、専門職養成というプログラムにおいて重要なところである。このことは、養成校にとって、リスク管理というネガティブな意味だけではない。学生は学生なりの善意や正義の感覚をもっているであろうから、悩みをチャンスとして、そのことを専門職としての知識・技術・価値や、実習生や養成校の社会的役割などから捉え直し、そのうえで自分がどう行動するかを判断するための適切な回路を示すという、教育的な意味がある。

金品の授受については悩ましいところである。私たちは実習生が訪問先の利用者からお茶やお菓子を出されるときと、実習への労いでお土産としてお菓子を渡されるときと、利用者から事業所に渡されたお菓子を職員で分け合うときの、本質的な違いをそれほど明晰に説明できるだろうか。子どもから手作りのものを渡されたとき、断ることが正しくて、何よりも善い支援だろうか。実のところ、実習担当教員や実習指導者ごとにその解釈や価値観は異なるが、実習生や学生、新入職員に指導するときには、リスク管理の確実性から、受け取らないよう指導しがちであるし、倫理綱領も一般的な表現となっている。

ワークは、生じうる悩みを予測して心理的な準備をするほか、悩みを言語化し、吐き出し、対処する回路を、あらかじめ担当の実習担当教員とともに整理して合意しておくものである。この際、連絡手段など具体的な部分も含めて準備しておけば、学生の安心につながるし、あえて言えば、適切な管理につながる。

第12章　実習記録の前に①　正確かつ誠実な表現

この章では、実習記録のような文書で気をつけるべき点として、特に情報を正確に伝達すること、書かれた人を傷つけない言葉を選ぶことの２点を説明した。

正確性の観点から意識すべき事項としては、詳細に情報を記入すること（5W1Hをできるだけ詳細に書くこと）や、いわゆる書き言葉と呼ばれる文体で記入することなどが挙げられる。なお、本テキストの文章は読みやすさ重視で言葉を選んでいるため、完全に書き言葉では書かれておらず、むしろ話し言葉とされる表現は多い。学生が書き言葉の手本とするには、このテキストの本文は不十分である点に注意が必要である。

また差別的な単語や、当事者を不快にさせる表現はもちろん避けなければならない。この点は記録に限った話ではない。他にも、利用者が自発的に何かをしたことを「勝手に」と表現したり、何かの行動を促したことを「○○させる」と表現したりするように、まるでワーカーが利用者に命令できる立場であるかのような認識が表れることもある。このような偏見や不適切な認識はその都度修正するなど、十分注意すべきである。

44ページのワークは、話し言葉を書き言葉に改めさせるものである。「だんだん」→「徐々に」、「でも」→「しかし」、「昼めし」→「昼食」などはわかりやすいだろう。また、複数の箇所で修正が必要な場合もあり、書き換えられるパターンも多様である。例えば「とても汚れてた」は「非常に汚れていた」や「汚れが目立っていた」などである。教員がどのように解答例を示すにせよ、このようなことは日々意識するべきことであり、このときだけの、機械的な丸暗記で済ませるような教育にならないよう注意されたい。

46ページのワークは、いくつかの言葉をネガティブなニュアンスが緩和される表現に改めるものである。例えば「のっぽだ」は「身長が高い」へ、「暗い性格」は「控えめな性格」へと言い換えられるだろう。ときには、適切な言葉を学生が知らない場合もあるため（例えば「恰幅がよい」という言葉を知らない学生は一定数いる）、教員の側に工夫が求められるだろう。

なお、ワークの最後には空白の行を作っているので、教員が他の問題を出題するように使ってもらえればよい。

第13章 実習記録の前に② ソーシャルワーカーの語彙

ソーシャルワーカーが何をする立場なのかという原点に立ち返れば、IFSW（国際ソーシャルワーカー連盟）のグローバル定義（第2章に掲載）にあるように「社会変革」「社会開発」「社会的結束」「エンパワメント」「解放」「社会正義」「人権」「集団的責任」「多様性尊重」といった、実践の目的となる理念の言葉が重要だと分かる。しかしながら、日本のソーシャルワークの日々の現場で使う言葉は、より実践に近い言葉である。

本文でも述べたとおり、専門用語の前に、そもそも一般的な語彙力や理解力が不足している場合は随時その補足も必要となろう。また、現場で通用している略語や気取った言葉も、実習生という立場で用いることは、往々にして悪印象になるので、避けたほうがよい。

また、病名・薬剤・検査など医学用語は、その現場の職員が共通言語として頻繁に使用しているからといって、実習の段階で全てを必死に覚えようとしなくてよいだろう。それは就職してからでも遅くはないので、ソーシャルワーカーとしての専門的な知識を深めることを優先したい。

第14章 実習記録の目的と書き方（SOAP／バイオ・サイコ・ソーシャル）

実習記録については、実習体験を振り返る大切なツールとして、また実習指導者とのやりとりのほか、さまざまな性質があることを理解しておきたい。

実習先以外で記録を書くことになる場合も想定しておかなければならない。実習記録を夜遅くまで書く場合、次の日の実習に集中できないことになりかねないので、書くための環境を確認し、生活管理などの心構えと準備をしておくことも大事である。

SOAPについての注意点は、ソーシャルワーク実習の場合、支援者が利用者について書く場合のみでなく、支援者が利用者と関わっている場面を実習生が見て書くという構造になる場合もあることだ。

バイオ・サイコ・ソーシャルについて、それぞれ指定科目の「医学概論」「心理学理論と心理的支援」「社会学と社会システム」に対応していると学生に説明すると、おそらく、「え？　そうだったんですか？」という反応が返ってくるので、体系的な学習につなげるよう促したいところである。

SOAPのワーク（54ページ）の正答であるが、①S、②A、③O、④Pである。バイオ・サイコ・ソーシャルのワーク（54ページ）の正答であるが、①心理⇒身体、②身体⇒社会、③社会⇒心理である。

第15章 見学実習の意義と準備

まずは学生が利用者への想像力をもつことが大事である。自分の家に見知らぬ学生が入ってきて、あれこれ質問をしてくることがストレスであることは想像に難くない。それが児童養護施設の思春期の子どもであったり、安定した穏やかな生活を望む障害者であったりするとなおさらであろう。かといって、過剰に配慮し、遠慮して実習生が積極的に動かなくなってしまうと、それはそれで必ずしも有効な支援にはならない。実習生というのは難しい立場であるが、社会的役割を意識した適切な距離感をつかむことが大事である。

本文では適性という言葉が出てきたが、もちろん見学実習だけをもって適性を測ることはできない。しかしながら、この言葉のもつ緊張感をもって、専門職としての自己を意識してもらうことは大事であろう。事前学習を深める場合、第18章　実習先の理解②「現場」の概念整理から第22章　実習先の理解⑥　地域と社会資源までを確認されたい。

また、本文でも強調しているとおり、ジェネラリスト・ソーシャルワークの観点から、実習と見学実習で分野を分けることは有効であると思われる。目標が高齢分野に見定まっている学生は、アルバイト、ボランティア活動、見学実習、ソーシャルワーク実習、就職と全て高齢分野で固めることを希望するかもしれない。モチベーション維持などの意味でそれも有効であろう。しかしソーシャルワーカーとしてのキャリア形成や人生の可能性を考えると、あえて分散させることも検討されたい。

見学実習前の電話連絡であるが、何でもかんでも細かいことを電話で確認するのも失礼で煩雑であるので、何を実習担当教員が実習生に伝え、何を実習生が自分で調べ、何を実習先への電話連絡の際に確認し、何を見学実習の現地で確認するのかを識別しておくとよい。

実習における休憩時間や就業後は、気が抜けて自己中心的な行動につながりやすいので注意が必要である。その場合でも働いている人はいるし、利用者の目もある。タバコを吸うとか、強烈なにおいの出るカップ麺を食べるとか、スマートフォンをいじって周囲を見ていないといった行動は慎まなければならない。

第16章 見学実習のふりかえり

見学実習やソーシャルワーク実習は、長期休暇の期間に行うことが多く、終了した時点で休暇中の場合がある。それを想定したうえで、あらかじめ個人ワークでの課題を設定しておくのも有効である。集団授業が行えれば、グループでの報告会を行うとよいだろう。

報告に際しては、見学実習で学んだことのみならず、明らかになった課題、ソーシャルワーク実習への課題など、次のソーシャルワーク実習につながる建設的な認識に主眼を置いたものにしたい。

第17章 実習先の理解① 事前学習の方法

事前学習においては、本文の❶～❿に挙げたように、まずは調べて知っておくべきことが多岐にわたることを自覚しておくことが望ましい。インターネットで一つ二つほどの記事を見てその事業所のことだけを知っておけばよいというような安易な姿勢でソーシャルワークを考えないことが大切である。

また、いきなり調べ始めるのではなく、第18章以降の概念整理などに伴って丁寧に進めたいところである。したがってこの章のワークは現場を理解する以前の基本知識として、地域の福祉分野の行政計画を調べるにとどめている。

第18章 実習先の理解② 「現場」の概念整理

法人の区別など、さまざまな分類方法を適切に理解したり、体系的に整理したりできることを確認する場合、文字で書いてもらうことは有効ではない。抽象的な思考から逃避しがちな学生は、どこかの資料をコピペするであろう。NPO法人と社会福祉法人の違いや、実習先の事業所の根拠法上の名称が何かを問うときには、口頭や図で答えることができるよう指導することが有効だろう。実際に行く実習先の概念整理は、66ページの図のように描くことが有効である。なお、地方公共団体は地方自治法第2条に規定された法人である。これは私法人に対する公法人ともいわれるが、法人税法では公共法人ともいわれる。この章ではせいぜい地方公共団体が法人であることを知ることが重要なので、そこまで呼称にこだわる必要はないだろう。社会福祉法人とNPO法人の区別が難しい学生も多いが、NPO法人の活動内容は特定非営利活動促進法の別表に20項目で示されている。

また、就職を見据えてそれぞれの法人の特徴を理解することも有用である。例えば社会福祉法人の場合、地域に密着して運営しているために異動も限定された範囲にとどまることが多く、安定して働き続けられる傾向にある。医療法人であれば、医師、看護師、理学療法士、作業療法士などと一緒に働くことになり、治療やリハビリについて学ぶ機会に恵まれる傾向にある。

あるいは、社会福祉事業には第1種と第2種などの区別と絡めて理解を深めるのもいいだろう。入所サービスなど、利用者の保護の必要性が高い事業は社会福祉法人や地方公共団体が運営しているし、第2種は在宅サービス等で、医療法人や株式会社などが運営することも少なくない。

第19章 実習先の理解③　法人マップを描く

この作業は時間がかかり、概念整理が苦手な学生は難航するかもしれない。しかし実在する機関・施設に関するものなので、検証可能である。実習担当教員の助言を受けつつ、複数の実習メンバーで行えば、完成までもっていけるはずだ。

第20章 実習先の理解④　歴史と理念

大学などの高等教育における専門的な学習を目指すなら、いきなり実習先の事業所単位で調べるのではなく、社会福祉の歴史における実習先の事業の歴史を調べることが望ましい。例えば、実習先の機関名が「A児童相談所」であれば、児童相談所の歴史と役割について調べることになり、児童相談所が日本の社会福祉の歴史のなかでどのようにして現れ、現在どのような役割をもっているのかを、アカデミックな次元からも理解することになろう。

しかしながら、それは他の科目での学習範囲であるともいえるし、また近年の社会福祉系養成校の実情として、学生の状況に応じた実際的、実用的な指導にとどめることも必要かもしれない。まずは実習先の法人や事業所について十分な理解を促したい。

第21章 実習先の理解⑤　組織・専門職・利用者

特に利用者像に関しては、インターネットやパンフレット上の情報と実際とでは往々にして異なるものであろう。

だからといって、準備もなく0から「現場はどんなものかしら」と伺うのでは、現場イメージに対する反省や気づきが薄くなる。「さまざまな情報から座学的、演習的に調べるだけ調べたが、しかしそれでも実態はまた少し違った」というギャップと反省を経験するためにも、準備作業を周到にする意義がある。

第22章 実習先の理解⑥　地域と社会資源

e-Statは、政府統計の総合窓口であり、各省庁が参画の下で総務省統計局が整備し、独立行政法人統計センターが運用するものである。これが学生にとって使い勝手がいいかどうかはともかく、まずは統計情報等から地域の実態を客観的に理解しておきたい。そのうえで、その地域の歴史や文化についても調べていきたいところである。

実習生の中には、目の前の個人への対人援助の仕事がしたいだけで、地域の歴史や文化に関心のない学生もいるだろう。しかし社会福祉士は地域を単位として活動する立場であり、支援の対象となる人々はそれぞれの特性をもつ地域に包摂されるべき人々である。ただ選択問題の社会福祉士の国家試験に受かり、資格をもっているとしても、地域の歴史や文化には無知で、高等教育を受けた大人たちと会話にならないとすれば、信頼されるソーシャルワーカーにはなれないだろう。厄介なことに、社会福祉士の養成課程において、歴史や文化は明らかに軽視されている。必修ではないから、指定科目ではないからという理由で、養成校もあまり強調しないかもしれない。

もちろん地域の歴史や文化に関心をもつかどうかは、家庭教育も含めた一般的教養への関心によるところもあるので、養成校のみの努力で何とかなるものではないだろう。それでも少なくとも、「ソーシャル」ワーカーの専門性に関わっているという点では理解を深めておく必要がある。

第23章 実習プログラム

新カリキュラムでは合計240時間の実習が求められている。その時間配分にはいくつものパターンがあろうが、本テキストでは180時間の実習に加え60時間の実習をその他の実習先で行うパターンを想定している。

実習生には、まず実習生が実習計画書を作成し、実習指導者が実習プログラムを作成するという理解をもってもらい、そのうえで、これらが、学びたい内容と、実習で体験可能な内容、また厚労省の「教育に含むべき事項」などと整合しているかを考えてみるとよいだろう。実習プログラムで不十分な部分を巡回指導や帰校日指導、養成校での実習指導（事後学習等）で行い、カバーすることになる。

また職場実習・職種実習・ソーシャルワーク実習という枠組みは新カリキュラムでは明確に提示されていないようであるが、一つの視点として活用できるだろう。例えば児童養護施設に実習に行くとすると、職場実習はその法人や施設の理解、職種実習は社会福祉士の役割の理解、ソーシャルワーク実習は相談援助を中心とした社会福祉士の役割に収まらないソーシャルワーカーとしての広く発展的な理解である。

ワークであるが、解答例を一つだけ挙げると、①は特に○月4日から支援に入るにあたって求められるであろうし、②③は特に○月18日からの個別支援計画作成にあたって求められるだろう。このほか、例えば④は○月11日、⑤は○月25日、⑥は○月12日、⑦は○月26日、⑧は○月15日、⑨は○月4日、⑩は部分的にならざるを得ないであろうが○月25日があたると考えられる。いずれの項目も部分的にしか実施されないことが考えられるし、特に施設（レジデンシャル系）の場合はそうであろう。経験しなかったものを巡回指導、帰校日指導、事後学習で行えばよい。このように、厚労省等が示す規範と実習プログラムの相互参照は養成校での指導の目安となるものと考えられる。

第24章 提出書類の確認

必要書類は思いのほか多く、全体を把握できていない学生もいる。忘れたり、一つの書類を準備するのに時間がかかったりして、期限を過ぎることのないよう、あらかじめ必要な書類と提出方法、提出先について細かく確認しておく必要がある。スケジュールを管理し、必要書類の準備→送付→事前訪問→必要があれば修正という流れを無理なく進められるようにしておきたい。

必要書類は、養成校や実習先ごとに異なるし、また時代・社会の動向や季節によっても異なるだろうから、ワークの表（82ページ）に空欄も用意している。

第25章 個人票の作成

個人票の作成では、実習指導者の氏名を正確に記載するなどの基本的な部分こそ注意が必要である。また、ただ書類上記載すればよいのではなく、その内容が口頭でのコミュニケーションの際に説明できるかどうかも重要である。

課外活動欄について、仮に語れるほどの学生生活を過ごしていない場合でも、「特になし」などと書いて出すわけにもいかず、書き方は工夫しなければならない。

第25章のワーク（85ページ）は、自分の長所と短所を考えるものとした。自分の長所や短所というのは、経験を抽象化する洞察を経て述べられるものである。たとえ話題が自身に関するものであっても、こうした洞察を苦手とする学生は少なくない。したがって、このワークは、自身の長所・短所について、いくつかの段階を経て考えるよう設計した。具体的には、(1) 自分が行ってきた活動、(2) そこでやっていて楽しかったこと、(3) 周囲の役に立てたと感じた体験と周囲に助けてもらった経験という順序を経て、その後に (4) 長所や短所を記入させる構成とした。

ワークでは、アルバイトやサークルなどの具体的な活動を取っ掛かりにしながら、そこで考えたことや周囲との関わりを思い出していく。自分が楽しむことができる行動は、高いモチベーションを持って活動できるだろうし、楽しめる場面では、周囲の役に立てていることもあるのではないだろうか。

そして周囲の役に立てるということは、そこに自分の長所が隠れていることが予想される。例えば、「アルバイト先ではお客さんの要求が複雑なときに、後輩と対応を代わってあげることが多い」というように周囲を手助けできるという学生であれば、「話をじっくり聞いて、人と向き合って話ができること、あるいはそうした辛抱強さが長所である」と導くことができるかもしれない。実態が伴わないその場しのぎの答えではなく、実体験から導かれる答えを探ることが重要である。

また体調の欄など、特に配慮を要すると考えられる場合は、実習担当教員が確認し、実習生との合意の上で、実習先に配慮をお願いすることも考えられる。

第26章 実習計画書① 実習計画書の意義と作成

希望どおりでなく、関心のない実習先に行く実習生の場合は、特に注意が必要である。個人票や実習計画書ではそれらしいことが書けるかもしれない。しかしそれをもとに実習先で「将来、うちみたいな介護施設のワーカーとして働きたいという気持ちはありますか」と口頭で質問されたときに、関心がないことは簡単に態度や言葉に表れるものである。したがって実習担当教員は「自分は関心がない」という認知そのものに働きかける必要があるだろう。

そもそも、今の時代、20代から定年退職までの40年を同じ現場で勤め続けることはむしろまれである。実習生はジェネラリスト・ソーシャルワーカーであることが求められるし、その実習先で得られるソーシャルワーク実践の経験の多くは、他の実習先で通用する一般性を備えている。さまざまな現場で活躍できる資質を備えて卒業する以上、さまざまな人生の可能性をもっており、卒業時、あるいは就職後にどうなるかは未確定である。実習生は広い可能性の中で、多かれ少なかれ将来に不安や期待があるだろう。

したがって、「第一希望でないから関心がない」という認識そのものを問い直す余地がある。もし本当に関心がないのなら、それはソーシャルワークの業界そのものに対する関心のなさにほかならない。せめて、嘘をつかないにしても「いろいろと迷っていて、いろいろと経験しておこうと思っています」「将来はまだ分からないのですが、介護施設でのケアワーカーとの協働はどこにいっても役に立つと考えています」など、謙虚な学びの姿勢で説明する程度の認識や機転は必要である。

「不適切な実習計画書1・2」の内容は、すがすがしいほど不適切である。したがって、実習生の個人ワーク、グループワーク、あるいは実習担当教員がレクチャーして修正しながら書き方を覚えられるように活用されたい。不適切な実習計画書の例2のフォーマットの出典はソ教連（一般社団法人 日本ソーシャルワーク教育学校連盟）の「モデル実習計画書」（2021年8月更新版）である。

実習計画書は実習において極めて重要な書類であり、時間をかけ、修正を重ねて作成するものである。しかし期限に遅れる危険を回避するには、あらかじめ他の書類も含めて必要な書類と提出方法、また提出先について確認し、作成→送付→事前訪問にて調整という流れを無理なく進められるようにしておきたい。様式や内容は養成校ごとに異なるし、実習先の性質や時代・社会的要請により提出物が異なるだろう。養成校のルールと実習先のルールを、まず養成校組織として確認し、実習生に伝えたうえで作成する。

第27章　実習計画書②　実習計画書の確認と修正

実習計画書は実習担当教員とのやりとりの中で修正を繰り返すものであろうが、グループで他のメンバーの計画書を読んでフィードバックを受ける方法もやりようによっては有効である。

まず、内容が伝わるかどうかが重要であるし、具体的にどのようにその実習計画を遂行するのか、例えば「○○を学ぶ」などとあいまいに書く場合、陪席するのか、記録を読むのか、直接クライエントと関わるのか、関わるにしてもどのような場面でどのように関わるのかなど、明らかにしないと読み手は場面が想像できない。その感覚をもってもらうことも大切であろう。

また、前章の89ページで行ったワークと関連して、学ぶべき内容の確認を行っている。養成校側、実習先側の教育上の役割についても、実習生の側がある程度は意識しておくとよいだろう。「付録１　実習指導ワークシート」の表の全てを埋める必要はないであろうが、できるだけ想像力を膨らませ、どの実習内容がどの学ぶべき内容に対応するか考えることが重要である。

なお、実習計画書や実習プログラムで不十分な部分を巡回指導や帰校日指導、養成校での実習指導（事後学習等）で行い、カバーすることになる。カバーすべきところを見つけるツールとして、章をまたいで用いる実習指導ワークシート（付録1）は有用であると思われる。

第28章　事前訪問①　事前訪問で確認しておくこと

訪問することよりも、訪問前に実習先に電話をし、事前訪問の日時を調整することが壁だと感じる学生もいる。しどろもどろになったり、実習指導者の名前を言えなかったりする事態に陥らないよう、実際にメンバー同士や実習担当教員とリハーサルをしておくのも有効である。自動車での来所のルールや、日にちごとの集合場所や時間の違いなど、実習先ごとに異なる情報を聞き逃さないようにしたい。

事前訪問は実習指導者と初めて会う機会であり、第一印象が決まるところであろうから、マナーには細心の注意を払うところである。

第29章　事前訪問②　事前訪問のふりかえり

事前訪問後にすることを、行動レベルで整理し、実習に臨めるよう準備しておく必要がある。実習計画書の修正や実習先からの事前課題などはそれであるが、健康に関する書類など、新たに指示が出る可能性もあるし、実習担当教員に伝言を頼まれる場合もあるかもしれない。

また、事前訪問時と実習開始時で状況が変わっている可能性もある。例えば「この時期の通勤時間は混んでいるため、事前訪問のときよりも時間がかかってしまった」ということもあるかもしれない。ワークでは、具体的にどう行動するかを書くことが重要である。

第30章 実習前の最終チェックと実習後のお礼状

問題が起こりやすいのは実習初日である。交通、服装、提出書類、初めの挨拶と自己紹介など、さまざまな点でチェックを受け、評価される。

実習後は、気が緩むかもしれないが、お礼状や実習後に提出する書類等について確認し、迅速に対応することが望ましい。実習生（やその保護者）がお礼にお菓子等を送ったり電話をしたりする可能性もなくはないので、あらかじめ養成校としての立場を明らかにしておくことが望ましいだろう。

お礼状は実習先や養成校の慣習によって異なるが、インターネット上にさまざまな説や作法が流通しており、かえって学生は混乱しがちであるので、養成校側のレクチャーが必要である。

第31章 事後学習①　印象的な体験と感情を説明する

実習でさまざまな感情を抱くことが考えられるし、養成校内部であれば、まずは素朴にその感情を示してもらってよいであろう。

ただ、実習指導としてその先に進めるうえで、あくまでソーシャルワーカーの専門性に結びつけてこれを認識的、つまり言語的に再構成する必要がある。

第32章 事後学習②　実習計画書に照らした達成と課題

本テキストの執筆時点では新カリキュラム実習はまだ行われていないので、ここでいう「ふりかえり」が実際にどのような手順で行われるかは、各養成校での今後の積み重ねとそれに関する研究が期待される。

なお、実習計画書や実習プログラムで不十分な部分を巡回指導や帰校日指導、養成校での実習指導（事後学習等）で行い、カバーすることになる。カバーすべきところを見つけるツールとして、章をまたいで用いる実習指導ワークシート（付録1）は有用であると思われる。

第33章 事後学習③　実習評価表を用いたふりかえり

実習評価表は実習先からの実習生への評価であるが、学生がこれを見る際、あるいはその前に、実習担当教員も確認しておくことが望ましいだろう。実習生の性格（ポジティブ思考かネガティブ思考かなど）もさまざまであり、書面での実習生への伝わり方は、実習担当教員もなかなか読めないところがある。他者評価を受けた実習生が混乱したり、自信過剰になったりする場合に適切なフォローが必要である。

なお、ソ教連（一般社団法人 日本ソーシャルワーク教育学校連盟）の「モデル評価表」の評価項目はソ教連が示す19個の「達成目標」に相当している。したがって本テキストの実習指導ワークシート（付録1）に記載された「達成目標」がそのまま評価項目となっている。

第34章 事後学習④　課題の抽出と学習

「学ぶための方法」「学ぶために必要なこと」は実習計画書を作成するときと同様であり、単に何を学ぶかだけを決めてやみくもに実践に飛び込むのではなく、それを具体的にどのような手続きで行うかまで考える術を身につけることが望ましい。

第35章 成果報告①　学習成果を報告する意義と注意点

実習後の教員は、実習後の学生への労いの気持ちもあって、実習以後の学習や成果報告が不十分でも甘くなりがちである。しかし学生が緊張感や責任感を欠いた態度で報告会に臨むことを許容してしまうと、実習生自身にとっても、後輩世代にとっても、養成校全体にとってもマイナスになりかねない。

第35章から第43章は、実習報告会に向けた内容とした。本テキストにおいては、スライドを使いながら口頭発表を行うスタイルを念頭において第36章以降を執筆しているが、他のスタイルで実習報告会を行う場合であっても、共通する点は多いだろう。なお、個人で発表するかグループで発表するかは特に言及せず、どちらでも対応できるよう説明した。

第35章のワークは、発表の準備を始められるよう、実習報告会の概要について確認するものとした。発表の日程や準備の期日に加え、聞き手が誰かという点は絶対に早い段階で確認しておかなければならない。どのような聞き手を想定するかによって、内容が根本から変わるためである。その他にも報告会当日の持ち物や機材環境などについて言及しているが、現段階で未定ならばそれでかまわない。このような、本番が近づいてきた時期に確認しても問題ない事項は、第43章でも再度言及している。

第36章　成果報告②　報告で話す話題を挙げる

第36章は、実習報告会で話す事柄のブレインストーミングを行うステップとした。発表全体の構想を練るうえでは、序盤の段階でアイデアを十分に挙げておくことが望ましい。まずは考えられるだけ、アイデアを広げていく。必要な話題を絞る作業は、後の段階で行う。

したがって、ブレインストーミングのステップでは「この話を挙げてよいか」と迷う必要は全くなく、思いついた事柄を可能な限り多く挙げることを優先すべきである。この段階では不要な話を挙げても問題ない。一方で、必要な話を挙げ損ねる事態は可能な限り避けるべきである。

ひたすら話題を広げるといっても、実習報告会の趣旨から離れすぎてもいけない。そのため第36章のワーク（126～127ページ）では、実習報告会で話すべきポイントを意識したワークシートを準備した。後述するように、実習報告会において中核とすべき事柄は、実習を通じてどう学べたかを伝えることである。そのため、(1) そもそも学生は実習で何をしたのか、(2) その結果、どのような学びを得たのか、という2点を中心に発表内容を考えていくべきであろう。他にも必要な話題は多いだろうが、まずは (1) と (2) を中心に意識を向けるため、他の話題は (3) その他の情報としてひとまとめにしておく。

学生は、「思ったことを何でも書け」と言われてもなかなかアイデアが出てこないかもしれない。もし何から書けばよいか困る場合、125ページで挙げたような問いかけで、(1) から (3) までの事柄を挙げていくとよい。

このワークでは、一つひとつのアイデアについて詳細に書く必要はない。そのため一つひとつの枠は小さめに設定している。ここでは話題の件数を増やすことを意識し、それぞれの話題は簡単なメモにとどめてよい。中身より件数に意識を向けられるよう、枠のサイズは小さく、ただし数は多くなるようなワークシートとした。

なお、後から詳細を振り返ることができるよう、ワークの表に補助線を1本引き、「出典メモ」のようなメモ欄を作ってもよいかもしれない（下の表を参照）。後から詳細を振り返ることができるよう、「出典メモ」の欄には実習記録や文献、あるいは本書のこれまでのワークなど、詳細な情報を見たい場合にどこを見たらよいかをメモしておくとよいかもしれない。ただし、そうしたメモの動作を一つ挟むことでアイデアをスムーズに出せなくなる可能性もあるため、学生が使いこなせない場合は無理に追加する必要はない。

ワーク（126～127ページ）に出典メモを追記する場合のイメージ

	話題候補	出典メモ
①	うまく聞き取りができず困ったケース	実習記録　8月27日

	話題候補	出典メモ
①	実習先の沿革	実習先のwebサイト

第37章　成果報告③　報告の流れを組み立てる

報告のアウトラインを作るステップとして、この章を設けた。アウトラインの構想は発表準備の根幹をなすステップであるため、この作業には十分な時間を費やすべきである。

プレゼンテーションは、何らかのメッセージを伝える（ことで聞き手に何らかの変化を起こす）作業である。プレゼンテーションを行う以上、伝えたい情報と聞き手に望む変化が必ず存在する。実習報告会において聞き手に望む変化としては、実習によって学生が学びを深められたと納得が得られる、あるいは、次年度の実習における課題が共有される、といったことが考えられる。

発表の目的を忘れず、効果的な発表を行うのは簡単ではなく、発表に不慣れな学生の場合、本題を見失ったような内容になってしまうことも珍しくない。そうした失敗を回避する（あるいは失敗しつつあることに学生や教員が気づく）ための対策として、本テキストでは「キーメッセージで表現させる」という仕掛けと、「流れを考えてから再度、聞き手と目的を意識させる」という仕掛けを用意した。後者の仕掛けは第38章で取り扱うため、ここでは前者の、キーメッセージという考えについて解説する。なお、この「キーメッセージ」という用語や発想は、榊巻（2019）などで述べられている。

■キーメッセージは、メッセージの形で表現する

第37章のワークでは、スライドの内容を一文のキーメッセージで表現し、それをどのような順番と時間で話すかを書き込むことで、発表のアウトラインを作っていく。1枚のスライドにつき1つのキーメッセージを考える作業を行う。

本文でも強調したとおり、単独の名詞や、「○○について」という表現はキーメッセージとしては不十分である。こうした表現のままスライドを作り始めると、なぜそのスライドを作っているのか、また、そのスライドで何を伝えたいのかを見失いやすい。あくまでもこの段階では、129ページの表の改善例（NG例とOK例の対照表を参照）のように、述語のある文で表現できるまで考えるべきである。

■キーメッセージを並べ、話の流れやバランスがおかしくないか確認する

第37章のワークを完成させると、報告全体の流れが出来上がることになる。キーメッセージの候補を並べていったとき、メッセージやストーリーが違和感なくつながっているか、また、全体の時間配分が適切かという観点から、アウトラインを確認してほしい。

第38章　成果報告④　目的と内容の整合性

プレゼンテーションの指導においては「報告の目的を考えよう」というアドバイスがなされる。言うのは簡単だが、実際に準備を進めていくと、目的を見失わずに発表までこぎつけるのは案外難しいものだ。そこで本テキストでは、実習生がある程度報告内容をイメージした後で、作ったプロットが聞き手や目的と合致しているか、問い直させるステップを置いた。本テキストの第38章で意識して伝えた点は以下のとおりである。

■目的は、実習での成長を伝えること。伝える相手は、現場の指導者

筆者らは、報告会のメインターゲットはその学生を受け入れた実習先、サブターゲットは他の学生を受け入れた実習先に設定している。最優先課題は、実習の教育成果を受け入れ先に伝えること、次に、受け入れ先や他の関係者（別の受け入れ先など）に、取り組みと成果のフィードバックを行うことが重要であると位置づけている。

そのうえで、どのような実習をしたら学生がどう成長したかのか、受け入れ先だけでなく、他の組織にも参考になるような報告となることを心がけたい。他の受講生や担当教員、また今後実習へ行く予定の後輩など、実習受け入れ先以外の身内は、ここでは思い切って考慮しないほうがよい。そうした聞き手を意識し始めると、メインターゲットにとって不要な話を長々と話してしまうことになりかねない。

■実習したからこそ学べたことを発表の中心に据える

ときどき、実習先の組織の業務について、教科書から書き写したような情報をひたすら紹介するだけで発表をほとんど終える学生がいる。そのような学生の報告では、教科書にあるような説明で発表時間の9割を消費し、実習での体験や学び、また実習先固有の情報にはほとんど言及されない。実習の事前学習の発表ならばそれでよいかもしれないが、実習先の指導者を招いて「実習の成果」を報告する場としては、失敗と言わざるを得ない。

実習報告会では、実習したからこそ得られた学びを発表の中心に据えるべきである。第38章のワークでは、もう一度第37章のワークを繰り返せるスペースを設けた。実習へ行くことで得られた学びに十分言及されているか、重要視すべき聞き手（現場の実習指導者）にとって必要な情報は述べられているか、不必要な情報に長々と時間を使っていないか、といった点を意識しながら、アウトラインを推敲するために使ってほしい。

■その表現は実習先へ届けてよいか

学生の意見をストレートに表現するのが適切でない場面もある。例えば、「障害者が施設に隔離されているように感じた」というように、施設のあり方そのものを問い直すよう

な視点を持つ学生もいる。教員はそのような観点も歓迎することもあるが、受け入れ先の担当者に対してその表現を用いてよいかはよく考えるべきであり、適宜教員が指摘していく必要があるだろう。

第39章 成果報告⑤　専門的な視点と語彙で言語化する

経験を適切で簡潔な言葉で整理することは大事であるが、専門職養成という観点からいえば、さらにそこからソーシャルワーカーとしての語彙で整理しなおせることが求められよう。これは口頭でのコミュニケーションでも同様である。

ワークの①は家族システムの視点について言及しているし、②はエビデンスベーストプラクティスやパターナリズムに言及しているともいえる。また、前者が後者を誘発したり補強したりしている可能性について言及しているといえるかもしれない。③も、ADL（日常生活動作；activities of daily living）の話から、障害の概念についての基礎研究に関心が向かっているように見える。

第40章 成果報告⑥　スライドのラフスケッチを描く

第40章では、パソコンでスライドを作り始める前に、手書きである程度スライドの中身をイメージする内容とした。この段階では、これまで考えてきた各スライドのキーメッセージを補強するために、スライドのボディの部分にどのような情報を書くかを考えていく。フォントや色といった表面的な要素は後回しにすべきである。そのような表面的な要素に気をとられないようにするために、まずは手書きで内容を考えてみることが望ましい。

この段階はあくまでもざっくりとしたスケッチでよい。スライドに書く表現を一言一句推敲する必要はないし、写真などについても、「○○の写真をここに置く」くらいのメモ書きで十分である。

第41章 成果報告⑦　報告資料の作成とデザイン面の注意

プレゼンテーションにおいては伝える内容が最も重要であることは言うまでもない。しかしスライドを作成する際、フォントやレイアウトなどのデザインについても、ある程度意識する価値はある。

デザインが聞き手に優しくない場合、聞き手は、報告者がそもそも何を言っているのか理解することに無駄な力を使ってしまう。それは、発表を踏まえて質問や意見を考えるような、本来聞き手が使うべき時間が削られてしまうことを意味する。資料は見やすいに越したことはない。

本文142ページで登場した図（左）の「非常に見にくいスライドの例」は、過去に学生が作ったいくつかの資料から、典型的な失敗を寄せ集めて作成したものである。このようなスライドは、「発表やスライドで何を伝えるかは考えず、とりあえず情報を片っ端からスライドに入れて仕事をした気になる」という事態を容易に発生させる。さらに、情報を詰め込みすぎるとミスも見逃されやすくなる。

そうした失敗を避けるためにも、ある程度短い言葉でスライドを作るほうがよい。メッセージが分からなくなるほど言葉を短くしてはいけないが、スライドいっぱいに1つの文章を書く（スライドを原稿用紙のように使う）ことは避けるべきである。そのためにも、短い言葉でうまく構造化したスライドを目指すことが望ましい。

発表におけるスライドの役割は、「伝わりやすくするための補助」である。実習報告会の発表で重視することは、発表者が伝えたい情報やメッセージをスムーズに伝えることである。サプライズや妙な演出は不要であり、情報の理解を促すような、見やすい資料を心がけるべきである。

見やすさを左右する要素には、大きく以下の3点がある（高橋・片山，2016）。

(1) 視認性（要点となる文字を発見しやすいなど、ぱっと見て分かるか）
(2) 判読性（誤読・読み間違いがないよう、似た文字と区別しやすいか）
(3) 可読性（文を読んでいて疲れない、もしくは早く頭に入るか）

本文では、デザイン面で気をつけるべき具体的な方針をかいつまんで紹介したが、それらは基本的に、上記の視認性・判読性・可読性を高めるための工夫である。論旨がスムーズに伝わり、聞き手が批判的・建設的に思考を組み立てられるようにするという目的の下、聞き手にとって情報を読み取りやすいスライド作りを心がけたい。

第42章 成果報告⑧　スライドの最終調整とリハーサル

第42章では、報告準備の最終段階でやるべきことを述べた。ここでは、スライドの表現は適切か、キーメッセージを見失っていないか、写真やエピソードに問題はないか（権利やプライバシーは守られているか）、などを確認するよう解説した。最後に、リハーサルについても解説した。

本テキストの第42章のワークは、リハーサルを行い、振り返るものにした。養成校によってはリハーサルの日程が決まっており、実習指導の一環として行われることもあるだろう。その場合であっても、リハーサルのさらに前に、小グループ単位でリハーサルを行うこと、つまりリハーサルのリハーサルを行うことは有効である。

この段階のリハーサルでは、本番までに改善できることに気づくことが重要である。改善点を見つけるためにも、一度は読み上げ原稿なしでリハーサルを行うことが望ましい。おそらく、うまく話せない箇所や話していてしっくり来ない箇所があるはずである。こうした点は、内容がまだ腑に落ちておらず、改善の余地がある場所である。すぐに読み上げ原稿を作ってしまうと、こうした点に気づくことができなくなる。最終的に読み上げ原稿を準備する場合であっても、一度は台本なしで話す機会を設けることが望ましい。また、その後も納得がいくまでリハーサルを繰り返すに越したことはない。

第43章 成果報告⑨　発表当日の動きと反省

第43章では、発表直前の準備や、発表当日の注意事項について解説した。本文では、当日の持ち物確認などのほか、当日用いる機材の動作確認も勧めている。ここでの動作確認は文字どおり、本番で使う機材が意図どおりに動くかを確認することであり、第42章のリハーサルとは目的が異なる。

使い慣れない機材を使うときは、案外想定外のことが起こるものである。発表当日、学生はファイルを見失わないか、ファイルは問題なく開くことができるか、スクリーンやモニターに問題なく映るか、ページの移動は問題なくできるか、発表者ノートなどを作っている場合は画面が発表者の意図どおり映るか、など、確認すべき事柄は多い。養成校で準備したパソコンを使う場合はなおさら注意したほうがよい。なるべく発表前のどこかで確認することが望ましい。

第44章 成果報告⑩　実習レポートの作成

養成校によって、実習レポートとしたり実習報告書としたりするなど、違いはあるだろう。また、「レポート」といっても、その提出を求める理由や、実際のレポートの様式や慣習も養成校によって異なるであろう。

本文で述べたとおり、書くべき範囲もしっかり確認し、学生と教職員でルールを共有したうえで作成に入りたいところである。

第45章 これから現場で働くにあたって

最後の章であるが、ソーシャルワーク実習の総まとめと、新たな展開を見通す作業があるとよいだろう。実習生は単に国家試験に合格して社会福祉士になるという目標に邁進するだけでなく、「どのようなソーシャルワーカーになりたいか」を描くことが求められる。

そのためにも、今ある現実の社会福祉の課題、生の営みの困難を抱えている人々への眼差し（視点）を現時点で確認しておきたい。それらについて、どのような支援方法やアプローチがあるだろうか。なかったなら、新たに創るという姿勢が重要である。テキストを読み返し、図書館やインターネットで調べながら、「自分の言葉」で建設的に語ることが重要である。未来は向こうからやってくるものでなく、自分たちで創り出すものであることを学生に伝えたい。

実習指導を終えるときこそ、ソーシャルワーカーのスタートとしての確認作業をしたい。

付録

実習指導ワークシート

達成目標	実習計画書に書いたこと	実習先で経験したこと	計画書に照らした達成状況（自己評価）*	評価表に書かれていること（他者評価）*	事後学習として取り組むべきこと
該当する箇所	第 26・27 章	第 32 章	第 32 章	第 33 章	第 34 章
クライエント等と人間関係を形成するための基本的なコミュニケーションをとることができる	例） 施設の利用者とその家族に挨拶、自己紹介、学習状況等のコミュニケーションを図り、援助関係の基盤をつくる	例） ほぼ全ての利用者と職員に対して、挨拶と自己紹介等の機会を得て、特に支援計画を立てる利用者とは全ての時間帯で話す機会を得た	例） 話を聞き取れないことや、こちらがうまく話せないこともあったほか、家族等とは話す機会がなかった A ⓑ C D NA	例） 積極的に関わることができていた。目の前の人に集中しすぎず、複数の相手に対し、調整しながら話せるとなおよい A ⓑ C D NA	例） 傾聴と応答の技術について文献で復習し、課外活動で現場のグループワーク等に参加して広く全員から話を伺う
(1) クライエント等と人間関係を形成するための基本的なコミュニケーションをとることができる			A B C D NA	A B C D NA	
(2) クライエント等との援助関係を形成することができる			A B C D NA	A B C D NA	
(3) クライエント、グループ、地域住民等のアセスメントを実施し、ニーズを明確にすることができる			A B C D NA	A B C D NA	
(4) 地域アセスメントを実施し、地域の課題や問題解決に向けた目標を設定することができる			A B C D NA	A B C D NA	

＊ A は教育目標の 90%以上を達成した場合で、B が 80%以上、C が 60%以上、D が 59%以下である。NA は該当なしである。いずれかに○をつけること。

達成目標	実習計画書に書いたこと	実習先で経験したこと	計画書に照らした達成状況（自己評価）	評価表に書かれていること（他者評価）	事後学習として取り組むべきこと
該当する箇所	第 26・27 章	第 32 章	第 32 章	第 33 章	第 34 章
(5) 各種計画の様式を使用して計画を作成・策定及び実施することができる			A B C D NA	A B C D NA	
(6) 各種計画の実施をモニタリングおよび評価することができる			A B C D NA	A B C D NA	
(7) クライエントおよび多様な人々の権利擁護ならびにエンパワメントを含む実践を行い、評価することができる			A B C D NA	A B C D NA	
(8) 実習施設・機関等の各職種の機能と役割を説明することができる			A B C D NA	A B C D NA	
(9) 実習施設・機関等と関係する社会資源の機能と役割を説明することができる			A B C D NA	A B C D NA	
(10) 地域住民、関係者、関係機関等と連携・協働することができる			A B C D NA	A B C D NA	

達成目標	実習計画書に書いたこと	実習先で経験したこと	計画書に照らした達成状況（自己評価）	評価表に書かれていること（他者評価）	事後学習として取り組むべきこと
該当する箇所	第26・27章	第32章	第32章	第33章	第34章
（11）各種会議を企画・運営することができる			A B C D NA	A B C D NA	
（12）地域社会における実習施設・機関等の役割を説明することができる			A B C D NA	A B C D NA	
（13）地域住民や団体、施設、機関等に働きかける			A B C D NA	A B C D NA	
（14）地域における分野横断的・業種横断的な社会資源について説明し、問題解決への活用や新たな開発を検討することができる			A B C D NA	A B C D NA	
（15）実習施設・機関等の経営理念や戦略を分析に基づいて説明することができる			A B C D NA	A B C D NA	

（3/4）

達成目標	実習計画書に書いたこと	実習先で経験したこと	計画書に照らした達成状況（自己評価）	評価表に書かれていること（他者評価）	事後学習として取り組むべきこと
該当する箇所	第26・27章	第32章	第32章	第33章	第34章
（16）実習施設・機関等の法的根拠、財政、運営方法等を説明することができる			A B C D NA	A B C D NA	
（17）実習施設・機関等における社会福祉士の倫理に基づいた実践及びジレンマの解決を適切に行うことができる			A B C D NA	A B C D NA	
（18）実習施設・機関等の規則等について説明することができる			A B C D NA	A B C D NA	
（19）以下の技術について目的、方法、留意点について説明することができる・アウトリーチ・ネットワーキング・コーディネーション・ネゴシエーション・ファシリテーション・プレゼンテーション・ソーシャルアクション			A B C D NA	A B C D NA	

出典：一般社団法人日本ソーシャルワーク教育学校連盟「ソーシャルワーク実習指導・実習のための教育ガイドライン（2021年8月改訂版）」よりソーシャルワーク実習の教育目標の「達成目標」（p.42-44）を許可を得て掲載した。

（4/4）

厚生労働省「教育に含むべき事項」対応表

章	章のテーマ*	厚生労働省「ソーシャルワーク実習」「ソーシャルワーク実習指導」における「教育に含むべき事項」（社会福祉士）
1	実習の目的	実習指導①　実習及び実習指導の意義（スーパービジョン含む。）
2	ソーシャルワーカーと社会福祉士／精神保健福祉士	実習指導①　実習及び実習指導の意義（スーパービジョン含む。） 実習⑨　社会福祉士としての職業倫理と組織の一員としての役割と責任の理解
3	ソーシャルワーカーの価値と倫理	実習指導⑤　実習先で必要とされるソーシャルワークの価値規範と倫理・知識及び技術に関する理解 実習指導⑥　実習における個人のプライバシーの保護と守秘義務等の理解 実習④　利用者やその関係者（家族・親族、友人等）への権利擁護活動とその評価 実習⑨　社会福祉士としての職業倫理と組織の一員としての役割と責任の理解
4	情報管理（電子記録、SNS、LINEなどの通信アプリ）	実習指導⑤　実習先で必要とされるソーシャルワークの価値規範と倫理・知識及び技術に関する理解 実習指導⑥　実習における個人のプライバシーの保護と守秘義務等の理解 実習①　利用者やその関係者（家族・親族、友人等）、施設・事業者・機関・団体、住民やボランティア等との基本的なコミュニケーションや円滑な人間関係の形成 実習②　利用者やその関係者（家族・親族、友人等）との援助関係の形成 実習⑨　社会福祉士としての職業倫理と組織の一員としての役割と責任の理解
5	実習に関するマナー①挨拶／言葉づかい／服装	実習①　利用者やその関係者（家族・親族、友人等）、施設・事業者・機関・団体、住民やボランティア等との基本的なコミュニケーションや円滑な人間関係の形成
6	実習に関するマナー②電話／メール	実習①　利用者やその関係者（家族・親族、友人等）、施設・事業者・機関・団体、住民やボランティア等との基本的なコミュニケーションや円滑な人間関係の形成
7	差別意識、権力、認知の歪みを自覚する	実習指導⑤　実習先で必要とされるソーシャルワークの価値規範と倫理・知識及び技術に関する理解 実習①　利用者やその関係者（家族・親族、友人等）、施設・事業者・機関・団体、住民やボランティア等との基本的なコミュニケーションや円滑な人間関係の形成 実習②　利用者やその関係者（家族・親族、友人等）との援助関係の形成 実習⑨　社会福祉士としての職業倫理と組織の一員としての役割と責任の理解
8	主体性とコミュニケーション能力	実習指導⑧　実習生、実習担当教員、実習先の実習指導者との三者協議を踏まえた実習計画の作成及び実習後の評価 実習①　利用者やその関係者（家族・親族、友人等）、施設・事業者・機関・団体、住民やボランティア等との基本的なコミュニケーションや円滑な人間関係の形成 実習②　利用者やその関係者（家族・親族、友人等）との援助関係の形成 実習⑨　社会福祉士としての職業倫理と組織の一員としての役割と責任の理解
9	実習におけるスーパービジョン	実習指導①　実習及び実習指導の意義（スーパービジョン含む。） 実習指導⑨　巡回指導 実習⑨　社会福祉士としての職業倫理と組織の一員としての役割と責任の理解
10	実習中に起こる問題①ハラスメント	実習指導⑤　実習先で必要とされるソーシャルワークの価値規範と倫理・知識及び技術に関する理解 実習①　利用者やその関係者（家族・親族、友人等）、施設・事業者・機関・団体、住民やボランティア等との基本的なコミュニケーションや円滑な人間関係の形成 実習②　利用者やその関係者（家族・親族、友人等）との援助関係の形成 実習⑨　社会福祉士としての職業倫理と組織の一員としての役割と責任の理解

＊虎の巻を含む。

（1/4）

章	章のテーマ	厚生労働省「ソーシャルワーク実習」「ソーシャルワーク実習指導」における「教育に含むべき事項」(社会福祉士)
11	実習中に起こる問題② 悩みやジレンマ	実習指導⑤　実習先で必要とされるソーシャルワークの価値規範と倫理・知識及び技術に関する理解 実習指導⑨　巡回指導 実習①　利用者やその関係者（家族・親族、友人等）、施設・事業者・機関・団体、住民やボランティア等との基本的なコミュニケーションや円滑な人間関係の形成 実習②　利用者やその関係者（家族・親族、友人等）との援助関係の形成 実習⑨　社会福祉士としての職業倫理と組織の一員としての役割と責任の理解
12	実習記録の前に① 正確かつ誠実な表現	実習指導⑤　実習先で必要とされるソーシャルワークの価値規範と倫理・知識及び技術に関する理解 実習指導⑦　実習記録への記録内容及び記録方法に関する理解 実習①　利用者やその関係者（家族・親族、友人等）、施設・事業者・機関・団体、住民やボランティア等との基本的なコミュニケーションや円滑な人間関係の形成
13	実習記録の前に② ソーシャルワーカーの語彙	実習指導⑤　実習先で必要とされるソーシャルワークの価値規範と倫理・知識及び技術に関する理解 実習指導⑦　実習記録への記録内容及び記録方法に関する理解 実習②　利用者やその関係者（家族・親族、友人等）との援助関係の形成 実習⑩　ソーシャルワーク実践に求められる以下の技術の実践的理解
14	実習記録の目的と書き方（SOAP／バイオ・サイコ・ソーシャル）	実習指導⑦　実習記録への記録内容及び記録方法に関する理解 実習③　利用者や地域の状況を理解し、その生活上の課題（ニーズ）の把握、支援計画の作成と実施及び評価
15	見学実習の意義と準備	実習指導②　多様な施設や事業所における現場体験学習や見学実習
16	見学実習のふりかえり	実習指導②　多様な施設や事業所における現場体験学習や見学実習
17	実習先の理解① 事前学習の方法	実習指導②　多様な施設や事業所における現場体験学習や見学実習 実習指導③　実際に実習を行う実習分野（利用者理解含む。）と施設・機関、地域社会等に関する基本的な理解
18	実習先の理解② 「現場」の概念整理	実習指導③　実際に実習を行う実習分野（利用者理解含む。）と施設・機関、地域社会等に関する基本的な理解 実習⑤　多職種連携及びチームアプローチの実践的理解 実習⑥　当該実習先が地域社会の中で果たす役割の理解及び具体的な地域社会への働きかけ 実習⑦　地域における分野横断的・業種横断的な関係形成と社会資源の活用・調整・開発に関する理解 実習⑧　施設・事業者・機関・団体等の経営やサービスの管理運営の実際（チームマネジメントや人材管理の理解を含む。）
19	実習先の理解③ 法人マップを描く	実習指導③　実際に実習を行う実習分野（利用者理解含む。）と施設・機関、地域社会等に関する基本的な理解 実習④　利用者やその関係者（家族・親族、友人等）への権利擁護活動とその評価 実習⑤　多職種連携及びチームアプローチの実践的理解 実習⑥　当該実習先が地域社会の中で果たす役割の理解及び具体的な地域社会への働きかけ 実習⑦　地域における分野横断的・業種横断的な関係形成と社会資源の活用・調整・開発に関する理解 実習⑧　施設・事業者・機関・団体等の経営やサービスの管理運営の実際（チームマネジメントや人材管理の理解を含む。）

章	章のテーマ	厚生労働省「ソーシャルワーク実習」「ソーシャルワーク実習指導」における「教育に含むべき事項」（社会福祉士）
20	実習先の理解④ 歴史と理念	実習指導③　実際に実習を行う実習分野（利用者理解含む。）と施設・機関、地域社会等に関する基本的な理解 実習⑤　多職種連携及びチームアプローチの実践的理解 実習⑥　当該実習先が地域社会の中で果たす役割の理解及び具体的な地域社会への働きかけ 実習⑦　地域における分野横断的・業種横断的な関係形成と社会資源の活用・調整・開発に関する理解 実習⑧　施設・事業者・機関・団体等の経営やサービスの管理運営の実際（チームマネジメントや人材管理の理解を含む。）
21	実習先の理解⑤ 組織・専門職・利用者	実習指導③　実際に実習を行う実習分野（利用者理解含む。）と施設・機関、地域社会等に関する基本的な理解 実習指導④　実習先で関わる他の職種の専門性や業務に関する基本的な理解 実習④　利用者やその関係者（家族・親族、友人等）への権利擁護活動とその評価 実習⑤　多職種連携及びチームアプローチの実践的理解 実習⑥　当該実習先が地域社会の中で果たす役割の理解及び具体的な地域社会への働きかけ 実習⑦　地域における分野横断的・業種横断的な関係形成と社会資源の活用・調整・開発に関する理解 実習⑧　施設・事業者・機関・団体等の経営やサービスの管理運営の実際（チームマネジメントや人材管理の理解を含む。）
22	実習先の理解⑥ 地域と社会資源	実習指導③　実際に実習を行う実習分野（利用者理解含む。）と施設・機関、地域社会等に関する基本的な理解 実習⑤　多職種連携及びチームアプローチの実践的理解 実習⑥　当該実習先が地域社会の中で果たす役割の理解及び具体的な地域社会への働きかけ 実習⑦　地域における分野横断的・業種横断的な関係形成と社会資源の活用・調整・開発に関する理解 実習⑧　施設・事業者・機関・団体等の経営やサービスの管理運営の実際（チームマネジメントや人材管理の理解を含む。）
23	実習プログラム	実習指導①　実習及び実習指導の意義（スーパービジョン含む。） 実習指導⑨　巡回指導
24	提出書類の確認	実習指導⑧　実習生、実習担当教員、実習先の実習指導者との三者協議を踏まえた実習計画の作成及び実習後の評価
25	個人票の作成	実習指導⑧　実習生、実習担当教員、実習先の実習指導者との三者協議を踏まえた実習計画の作成及び実習後の評価
26	実習計画書①　実習計画書の意義と作成	実習指導⑧　実習生、実習担当教員、実習先の実習指導者との三者協議を踏まえた実習計画の作成及び実習後の評価
27	実習計画書②　実習計画書の確認と修正	実習指導⑧　実習生、実習担当教員、実習先の実習指導者との三者協議を踏まえた実習計画の作成及び実習後の評価
28	事前訪問①　事前訪問で確認しておくこと	実習指導⑧　実習生、実習担当教員、実習先の実習指導者との三者協議を踏まえた実習計画の作成及び実習後の評価
29	事前訪問②　事前訪問のふりかえり	実習指導⑧　実習生、実習担当教員、実習先の実習指導者との三者協議を踏まえた実習計画の作成及び実習後の評価

章	章のテーマ	厚生労働省「ソーシャルワーク実習」「ソーシャルワーク実習指導」における「教育に含むべき事項」(社会福祉士)
30	実習前の最終チェックと実習後のお礼状	実習指導⑩　実習体験や実習記録を踏まえた課題の整理と実習総括レポートの作成
31	事後学習①　印象的な体験と感情を説明する	実習指導⑧　実習生、実習担当教員、実習先の実習指導者との三者協議を踏まえた実習計画の作成及び実習後の評価 実習指導⑩　実習体験や実習記録を踏まえた課題の整理と実習総括レポートの作成
32	事後学習②　実習計画書に照らした達成と課題	実習指導⑧　実習生、実習担当教員、実習先の実習指導者との三者協議を踏まえた実習計画の作成及び実習後の評価 実習指導⑩　実習体験や実習記録を踏まえた課題の整理と実習総括レポートの作成
33	事後学習③　実習評価表を用いたふりかえり	実習指導⑧　実習生、実習担当教員、実習先の実習指導者との三者協議を踏まえた実習計画の作成及び実習後の評価 実習指導⑩　実習体験や実習記録を踏まえた課題の整理と実習総括レポートの作成 実習指導⑪　実習の評価及び全体総括会
34	事後学習④　課題の抽出と学習	実習指導⑩　実習体験や実習記録を踏まえた課題の整理と実習総括レポートの作成
35	成果報告①　実習成果を報告する意義と注意点	実習指導①　実習及び実習指導の意義（スーパービジョン含む。） 実習指導⑪　実習の評価及び全体総括会
36	成果報告②　報告で話す話題を挙げる	実習指導⑥　実習における個人のプライバシーの保護と守秘義務等の理解 実習指導⑪　実習の評価及び全体総括会
37	成果報告③　報告の流れを組み立てる	実習指導⑪　実習の評価及び全体総括会
38	成果報告④　目的と内容の整合性	実習指導①　実習及び実習指導の意義（スーパービジョン含む。） 実習指導⑪　実習の評価及び全体総括会
39	成果報告⑤　専門的な視点と語彙で言語化する	実習指導⑤　実習先で必要とされるソーシャルワークの価値規範と倫理・知識及び技術に関する理解 実習指導⑩　実習体験や実習記録を踏まえた課題の整理と実習総括レポートの作成 実習指導⑪　実習の評価及び全体総括会
40	成果報告⑥　スライドのラフスケッチを描く	実習指導⑥　実習における個人のプライバシーの保護と守秘義務等の理解 実習指導⑪　実習の評価及び全体総括会
41	成果報告⑦　報告資料の作成とデザイン面の注意	実習指導⑪　実習の評価及び全体総括会
42	成果報告⑧　スライドの最終調整とリハーサル	実習指導⑥　実習における個人のプライバシーの保護と守秘義務等の理解 実習指導⑪　実習の評価及び全体総括会
43	成果報告⑨　発表当日の動きと反省	実習指導⑪　実習の評価及び全体総括会
44	成果報告⑩　実習レポートの作成	実習指導⑩　実習体験や実習記録を踏まえた課題の整理と実習総括レポートの作成 実習指導⑪　実習の評価及び全体総括会
45	これから現場で働くにあたって	実習指導⑪　実習の評価及び全体総括会

(4/4)

社会福祉士の倫理綱領

2020 年 6 月 30 日採択

前文

われわれ社会福祉士は、すべての人が人間としての尊厳を有し、価値ある存在であり、平等であることを深く認識する。われわれは平和を擁護し、社会正義、人権、集団的責任、多様性尊重および全人的存在の原理に則り、人々がつながりを実感できる社会への変革と社会的包摂の実現をめざす専門職であり、多様な人々や組織と協働することを言明する。

われわれは、社会システムおよび自然的・地理的環境と人々の生活が相互に関連していることに着目する。社会変動が環境破壊および人間疎外をもたらしている状況にあって、この専門職が社会にとって不可欠であることを自覚するとともに、社会福祉士の職責についての一般社会及び市民の理解を深め、その啓発に努める。

われわれは、われわれの加盟する国際ソーシャルワーカー連盟と国際ソーシャルワーク教育学校連盟が採択した、次の「ソーシャルワーク専門職のグローバル定義」(2014 年 7 月) を、ソーシャルワーク実践の基盤となるものとして認識し、その実践の拠り所とする。

ソーシャルワーク専門職のグローバル定義

ソーシャルワークは、社会変革と社会開発、社会的結束、および人々のエンパワメントと解放を促進する、実践に基づいた専門職であり学問である。社会正義、人権、集団的責任、および多様性尊重の諸原理は、ソーシャルワークの中核をなす。ソーシャルワークの理論、社会科学、人文学、および地域・民族固有の知を基盤として、ソーシャルワークは、生活課題に取り組みウェルビーイングを高めるよう、人々やさまざまな構造に働きかける。

この定義は、各国および世界の各地域で展開してもよい。

(IFSW;2014.7.) ※注 1

われわれは、ソーシャルワークの知識、技術の専門性と倫理性の維持、向上が専門職の責務であることを認識し、本綱領を制定してこれを遵守することを誓約する。

原理

Ⅰ **(人間の尊厳)** 社会福祉士は、すべての人々を、出自、人種、民族、国籍、性別、性自認、性的指向、年齢、身体的精神的状況、宗教的文化的背景、社会的地位、経済状況などの違いにかかわらず、かけがえのない存在として尊重する。

Ⅱ **(人権)** 社会福祉士は、すべての人々を生まれながらにして侵すことのできない権利を有する存在であることを認識し、いかなる理由によってもその権利の抑圧・侵害・略奪を容認しない。

Ⅲ **(社会正義)** 社会福祉士は、差別、貧困、抑圧、排除、無関心、暴力、環境破壊などの無い、自由、平等、共生に基づく社会正義の実現をめざす。

Ⅳ **(集団的責任)** 社会福祉士は、集団の有する力と責任を認識し、人と環境の双方に働きかけて、互恵的な社会の実現に貢献する。

Ⅴ **(多様性の尊重)** 社会福祉士は、個人、家族、集団、地域社会に存在する多様性を認識し、それらを尊重する社会の実現をめざす。

Ⅵ **(全人的存在)** 社会福祉士は、すべての人々を生物的、心理的、社会的、文化的、スピリチュアルな側面からなる全人的な存在として認識する。

倫理基準

Ⅰ　クライエントに対する倫理責任

1. （クライエントとの関係）　社会福祉士は、クライエントとの専門的援助関係を最も大切にし、それを自己の利益のために利用しない。
2. （クライエントの利益の最優先）　社会福祉士は、業務の遂行に際して、クライエントの利益を最優先に考える。
3. （受容）　社会福祉士は、自らの先入観や偏見を排し、クライエントをあるがままに受容する。
4. （説明責任）　社会福祉士は、クライエントに必要な情報を適切な方法・わかりやすい表現を用いて提供する。
5. （クライエントの自己決定の尊重）　社会福祉士は、クライエントの自己決定を尊重し、クライエントがその権利を十分に理解し、活用できるようにする。また、社会福祉士は、クライエントの自己決定が本人の生命や健康を大きく損ねる場合や、他者の権利を脅かすような場合は、人と環境の相互作用の視点からクライエントとそこに関係する人々相互のウェルビーイングの調和を図ることに努める。
6. （参加の促進）　社会福祉士は、クライエントが自らの人生に影響を及ぼす決定や行動のすべての局面において、完全な関与と参加を促進する。
7. （クライエントの意思決定への対応）　社会福祉士は、意思決定が困難なクライエントに対して、常に最善の方法を用いて利益と権利を擁護する。
8. （プライバシーの尊重と秘密の保持）　社会福祉士は、クライエントのプライバシーを尊重し秘密を保持する。
9. （記録の開示）　社会福祉士は、クライエントから記録の開示の要求があった場合、非開示とすべき正当な事由がない限り、クライエントに記録を開示する。
10. （差別や虐待の禁止）　社会福祉士は、クライエントに対していかなる差別・虐待もしない。
11. （権利擁護）　社会福祉士は、クライエントの権利を擁護し、その権利の行使を促進する。
12. （情報処理技術の適切な使用）　社会福祉士は、情報処理技術の利用がクライエントの権利を侵害する危険性があることを認識し、その適切な使用に努める。

Ⅱ　組織・職場に対する倫理責任

1. （最良の実践を行う責務）　社会福祉士は、自らが属する組織・職場の基本的な使命や理念を認識し、最良の業務を遂行する。
2. （同僚などへの敬意）　社会福祉士は、組織・職場内のどのような立場にあっても、同僚および他の専門職などに敬意を払う。
3. （倫理綱領の理解の促進）　社会福祉士は、組織・職場において本倫理綱領が認識されるよう働きかける。
4. （倫理的実践の推進）　社会福祉士は、組織・職場の方針、規則、業務命令がソーシャルワークの倫理的実践を妨げる場合は、適切・妥当な方法・手段によって提言し、改善を図る。
5. （組織内アドボカシーの促進）　社会福祉士は、組織・職場におけるあらゆる虐待または差別的・抑圧的な行為の予防および防止の促進を図る。
6. （組織改革）　社会福祉士は、人々のニーズや社会状況の変化に応じて組織・職場の機能を評価し必要な改革を図る。

Ⅲ　社会に対する倫理責任

1. （ソーシャル・インクルージョン）　社会福祉士は、あらゆる差別、貧困、抑圧、排除、無関心、暴力、環境破壊などに立ち向かい、包摂的な社会をめざす。
2. （社会への働きかけ）　社会福祉士は、人権と社会正義の増進において変革と開発が必要であるとみなすとき、人々の主体性を活かしながら、社会に働きかける。
3. （グローバル社会への働きかけ）　社会福祉士は、人権と社会正義に関する課題を解決するため、全世界のソーシャルワーカーと連帯し、グローバル社会に働きかける。

Ⅳ　専門職としての倫理責任

1. （専門性の向上）　社会福祉士は、最良の実践を行うために、必要な資格を所持し、専門性の向上に努める。
2. （専門職の啓発）　社会福祉士は、クライエント・他の専門職・市民に専門職としての実践を適切な手段をもって伝え、社会的信用を高めるよう努める。

3. （信用失墜行為の禁止） 社会福祉士は、自分の権限の乱用や品位を傷つける行いなど、専門職全体の信用失墜となるような行為をしてはならない。
4. （社会的信用の保持） 社会福祉士は、他の社会福祉士が専門職業の社会的信用を損なうような場合、本人にその事実を知らせ、必要な対応を促す。
5. （専門職の擁護） 社会福祉士は、不当な批判を受けることがあれば、専門職として連帯し、その立場を擁護する。
6. （教育・訓練・管理における責務） 社会福祉士は、教育・訓練・管理を行う場合、それらを受ける人の人権を尊重し、専門性の向上に寄与する。
7. （調査・研究） 社会福祉士は、すべての調査・研究過程で、クライエントを含む研究対象の権利を尊重し、研究対象との関係に十分に注意を払い、倫理性を確保する。
8. （自己管理） 社会福祉士は、何らかの個人的・社会的な困難に直面し、それが専門的判断や業務遂行に影響する場合、クライエントや他の人々を守るために必要な対応を行い、自己管理に努める。

注 1. 本綱領には「ソーシャルワーク専門職のグローバル定義」の本文のみを掲載してある。なお、アジア太平洋（2016 年）および日本（2017 年）における展開が制定されている。

注 2. 本綱領にいう「社会福祉士」とは、本倫理綱領を遵守することを誓約し、ソーシャルワークに携わる者をさす。

注 3. 本綱領にいう「クライエント」とは、「ソーシャルワーク専門職のグローバル定義」に照らし、ソーシャルワーカーに支援を求める人々、ソーシャルワークが必要な人々および変革や開発、結束の必要な社会に含まれるすべての人々をさす。

出典：公益社団法人日本社会福祉士会の HP より許諾を得て掲載。
（https://www.jacsw.or.jp/citizens/rinrikoryo/documents/rinri_koryo.pdf）

精神保健福祉士の倫理綱領

日本精神医学ソーシャル・ワーカー協会（1988年6月16日制定／1991年7月5日改訂／1995年7月8日改訂）
日本精神保健福祉士協会（2003年5月30日改訂）
社団法人日本精神保健福祉士協会（2004年11月28日採択）
公益社団法人日本精神保健福祉士協会（2013年4月21日採択／2018年6月17日改訂）

前文

われわれ精神保健福祉士は、個人としての尊厳を尊び、人と環境の関係を捉える視点を持ち、共生社会の実現をめざし、社会福祉学を基盤とする精神保健福祉士の価値・理論・実践をもって精神保健福祉の向上に努めるとともに、クライエントの社会的復権・権利擁護と福祉のための専門的・社会的活動を行う専門職としての資質の向上に努め、誠実に倫理綱領に基づく責務を担う。

目的

この倫理綱領は、精神保健福祉士の倫理の原則および基準を示すことにより、以下の点を実現することを目的とする。

1. 精神保健福祉士の専門職としての価値を示す
2. 専門職としての価値に基づき実践する
3. クライエントおよび社会から信頼を得る
4. 精神保健福祉士としての価値、倫理原則、倫理基準を遵守する
5. 他の専門職や全てのソーシャルワーカーと連携する
6. すべての人が個人として尊重され、共に生きる社会の実現をめざす

倫理原則

1. クライエントに対する責務

（1）クライエントへの関わり
精神保健福祉士は、クライエントの基本的人権を尊重し、個人としての尊厳、法の下の平等、健康で文化的な生活を営む権利を擁護する。

（2）自己決定の尊重
精神保健福祉士は、クライエントの自己決定を尊重し、その自己実現に向けて援助する。

（3）プライバシーと秘密保持
精神保健福祉士は、クライエントのプライバシーを尊重し、その秘密を保持する。

（4）クライエントの批判に対する責務
精神保健福祉士は、クライエントの批判・評価を謙虚に受けとめ、改善する。

（5）一般的責務
精神保健福祉士は、不当な金品の授受に関与してはならない。また、クライエントの人格を傷つける行為をしてはならない。

2. 専門職としての責務

（1）専門性の向上
精神保健福祉士は、専門職としての価値に基づき、理論と実践の向上に努める。

（2）専門職自律の責務
精神保健福祉士は同僚の業務を尊重するとともに、相互批判を通じて専門職としての自律性を高める。

（3）地位利用の禁止
精神保健福祉士は、職務の遂行にあたり、クライエントの利益を最優先し、自己の利益のためにその地位

を利用してはならない。

(4) 批判に関する責務

精神保健福祉士は、自己の業務に対する批判・評価を謙虚に受けとめ、専門性の向上に努める。

(5) 連携の責務

精神保健福祉士は、他職種・他機関の専門性と価値を尊重し、連携・協働する。

3. 機関に対する責務

精神保健福祉士は、所属機関がクライエントの社会的復権を目指した理念・目的に添って業務が遂行できるように努める。

4. 社会に対する責務

精神保健福祉士は、人々の多様な価値を尊重し、福祉と平和のために、社会的・政治的・文化的活動を通し社会に貢献する。

倫理基準

1. クライエントに対する責務

(1) クライエントへの関わり

精神保健福祉士は、クライエントをかけがえのない一人の人として尊重し、専門的援助関係を結び、クライエントとともに問題の解決を図る。

(2) 自己決定の尊重

a クライエントの知る権利を尊重し、クライエントが必要とする支援、信頼のおける情報を適切な方法で説明し、クライエントが決定できるよう援助する。

b 業務遂行に関して、サービスを利用する権利および利益、不利益について説明し、疑問に十分応えた後、援助を行う。援助の開始にあたっては、所属する機関や精神保健福祉士の業務について契約関係を明確にする。

c クライエントが決定することが困難な場合、クライエントの利益を守るため最大限の努力をする。

(3) プライバシーと秘密保持

精神保健福祉士は、クライエントのプライバシーの権利を擁護し、業務上知り得た個人情報について秘密を保持する。なお、業務を辞めたあとでも、秘密を保持する義務は継続する。

a 第三者から情報の開示の要求がある場合、クライエントの同意を得た上で開示する。クライエントに不利益を及ぼす可能性がある時には、クライエントの秘密保持を優先する。

b 秘密を保持することにより、クライエントまたは第三者の生命、財産に緊急の被害が予測される場合は、クライエントとの協議を含め慎重に対処する。

c 複数の機関による支援やケースカンファレンス等を行う場合には、本人の了承を得て行い、個人情報の提供は必要最小限にとどめる。また、その秘密保持に関しては、細心の注意を払う。クライエントに関係する人々の個人情報に関しても同様の配慮を行う。

d クライエントを他機関に紹介する時には、個人情報や記録の提供についてクライエントとの協議を経て決める。

e 研究等の目的で事例検討を行うときには、本人の了承を得るとともに、個人を特定できないように留意する。

f クライエントから要求がある時は、クライエントの個人情報を開示する。ただし、記録の中にある第三者の秘密を保護しなければならない。

g 電子機器等によりクライエントの情報を伝達する場合、その情報の秘密性を保証できるよう最善の方策を用い、慎重に行う。

(4) クライエントの批判に対する責務

精神保健福祉士は、自己の業務におけるクライエントからの批判・評価を受けとめ、改善に努める。

(5) 一般的責務

a 精神保健福祉士は、職業的立場を認識し、いかなる事情の下でも精神的・身体的・性的いやがらせ等人格を傷つける行為をしてはならない。

b　精神保健福祉士は、機関が定めた契約による報酬や公的基準で定められた以外の金品の要求・授受をしてはならない。

2. 専門職としての責務

(1) 専門性の向上

a　精神保健福祉士は専門職としての価値・理論に基づく実践の向上に努め、継続的に研修や教育に参加しなければならない。

b　スーパービジョンと教育指導に関する責務

1) 精神保健福祉士はスーパービジョンを行う場合、自己の限界を認識し、専門職として利用できる最新の情報と知識に基づいた指導を行う。

2) 精神保健福祉士は、専門職として利用できる最新の情報と知識に基づき学生等の教育や実習指導を積極的に行う。

3) 精神保健福祉士は、スーパービジョンや学生等の教育・実習指導を行う場合、公正で適切な指導を行い、スーパーバイジーや学生等に対して差別・酷使・精神的・身体的・性的いやがらせ等人格を傷つける行為をしてはならない。

(2) 専門職自律の責務

a　精神保健福祉士は、適切な調査研究、論議、責任ある相互批判、専門職組織活動への参加を通じて、専門職としての自律性を高める。

b　精神保健福祉士は、個人的問題のためにクライエントの援助や業務の遂行に支障をきたす場合には、同僚等に速やかに相談する。また、業務の遂行に支障をきたさないよう、自らの心身の健康に留意する。

(3) 地位利用の禁止

精神保健福祉士は業務の遂行にあたりクライエントの利益を最優先し、自己の個人的・宗教的・政治的利益のために自己の地位を利用してはならない。また、専門職の立場を利用し、不正、搾取、ごまかしに参画してはならない。

(4) 批判に関する責務

a　精神保健福祉士は、同僚の業務を尊重する。

b　精神保健福祉士は、自己の業務に関する批判・評価を謙虚に受けとめ、改善に努める。

c　精神保健福祉士は、他の精神保健福祉士の非倫理的行動を防止し、改善するよう適切な方法をとる。

(5) 連携の責務

a　精神保健福祉士は、クライエントや地域社会の持つ力を尊重し、協働する。

b　精神保健福祉士は、クライエントや地域社会の福祉向上のため、他の専門職や他機関等と協働する。

c　精神保健福祉士は、所属する機関のソーシャルワーカーの業務について、点検・評価し同僚と協働し改善に努める。

d　精神保健福祉士は、職業的関係や立場を認識し、いかなる事情の下でも同僚または関係者への精神的・身体的・性的いやがらせ等人格を傷つける行為をしてはならない。

3. 機関に対する責務

精神保健福祉士は、所属機関等が、クライエントの人権を尊重し、業務の改善や向上が必要な際には、機関に対して適切・妥当な方法・手段によって、提言できるように努め、改善を図る。

4. 社会に対する責務

精神保健福祉士は、専門職としての価値・理論・実践をもって、地域および社会の活動に参画し、社会の変革と精神保健福祉の向上に貢献する。

出典：公益社団法人日本精神保健福祉士協会のHPより許諾を得て掲載。
(https://www.jamhsw.or.jp/syokai/rinri/japsw.htm)

文献

Biestek, F. P. (1957). *The Casework Relationship.* Loyola University Press. (F・P・バイステック著，尾崎新・福田俊子・原田和幸訳〔2006〕『ケースワークの原則――援助関係を形成する技法』新訳改訂版，誠信書房)

北海道精神保健福祉士協会援助実習検討委員会（2008）『精神保健福祉援助実習指導の手引き――将来私達の仲間となっていく人に伝えたいこと』

石黒圭（2017）『大人のための言い換え力』NHK 出版.

一般社団法人日本ソーシャルワーク教育学校連盟「ソーシャルワーク実習指導・実習のための教育ガイドライン（2021 年 8 月改訂版）」.
http://www.jaswe.jp/doc/202108_jisshu_guideline.pdf

一般社団法人日本ソーシャルワーク教育学校連盟編（2021）『最新社会福祉士養成講座 8　ソーシャルワーク実習指導　ソーシャルワーク実習［社会専門］』中央法規出版.

Kadushin, A. & Harkness, D. (2014). *Supervision in Social Work, Fifth Edition.* Columbia University Press.

北田荘平・渡邉真洋（2020）『伝わる［図・グラフ・表］のデザインテクニック』エムディエヌコーポレーション.

公益社団法人日本社会福祉士会（2014）『社会福祉士実習指導者テキスト　第 2 版』中央法規出版.

厚生労働省社会・援護局福祉基盤課福祉人材確保対策室「社会福祉士養成課程のカリキュラム（令和元年度改正)」(令和 2 年 3 月 6 日)
https://www.mhlw.go.jp/content/000606419.pdf

小木曽健（2017）『11 歳からの正しく怖がるインターネット――大人もネットで失敗しなくなる本』晶文社.

「学びが深まるソーシャルワーク実習」編集委員会編（2021）『学びが深まるソーシャルワーク実習』ミネルヴァ書房.

文部科学省高等教育局長・厚生労働省社会・援護局長「大学等において開講する社会福祉に関する科目の確認に係る指針について」(元文科高第 1122 号社援発 0306 第 23 号令和 2 年 3 月 6 日)
https://kouseikyoku.mhlw.go.jp/kantoshinetsu/shokan/kankeihourei/kamoku_kakunin_20200306.pdf

大島侑編（1985）『社会福祉実習教育論』海声社.

榊巻亮（2019）『世界で一番やさしい資料作りの教科書』日経 BP.

高橋佑磨・片山なつ（2016）『伝わるデザインの基本　増補改訂版――よい資料を作るためのレイアウトのルール』技術評論社.

おわりに

「ケアすることはケアされること」という言葉があります。私たち社会福祉の専門職は、生活を営むことに困難や課題を抱えたクライエントのために何らかの行動を起こします。その行動によってクライエントの安心や満足を導くことを目指します。そこでクライエントから「ありがとう」という言葉が返ってくるとき、私たち支援者もまた満足と生きる力をクライエントから頂いています。つまり、クライエントを援助することで、私たち支援者もクライエントから援助されています。私はこの仕事には大きな意義があると信じています。

社会福祉ないしソーシャルワークの勉強とは、人が人をどのように援助してきたかを学ぶことです。実習テキストには書ききれませんが、その歴史をじっくり学ぶこともまた大切なことだと思っています。

これからの社会福祉の世界は、このテキストを使って実習に臨む世代が創っていくことでしょう。自信をもって、誠実に、丁寧に、ソーシャルワークを行ってほしいと願っています。

忙しい中、この本を執筆してくださった先生方、本当にありがとうございます。なんとか出版に至ることができました。

また、星和書店の桜岡さま、私たちの面倒を辛抱強くみていただきありがとうございます。ここに謝意を表します。

松本喜一

■編者

篠原 拓也（しのはら　たくや）
東日本国際大学健康福祉学部准教授。大阪府立大学人間社会学研究科博士後期課程修了（博士：社会福祉学）。奈良教育大学特任講師を経て、現職。

松本 喜一（まつもと　きいち）
東日本国際大学健康福祉学部教授。社会福祉士・精神保健福祉士・介護支援専門員。福島大学大学院地域政策科学研究科修士課程修了（修士：地域政策学）。医療法人青木病院、社会福祉法人東白川会ソーシャルワーカー、福島介護福祉専門学校専任教員を経て、現職。

■著者

篠原 拓也（編者参照）

松本 喜一（編者参照）

大橋 雅啓（おおはし　まさのぶ）
東日本国際大学健康福祉学部教授。精神保健福祉士。東北福祉大学大学院（修士：社会学）・南カリフォルニア大学社会福祉大学院修了（修士：社会福祉学）。仙台市役所を経て、現職。

芳賀 恭司（はが　きょうじ）
東北福祉大学総合福祉学部社会福祉学科准教授。社会福祉士・認定社会福祉士スーパーバイザー。東北福祉大学大学院修士課程修了（修士：社会福祉学）。特別養護老人ホーム施設長、地域包括支援センター所長、東日本国際大学健康福祉学部准教授を経て、現職。

前田 佳宏（まえだ　よしひろ）
東日本国際大学健康福祉学部准教授。社会福祉士・精神保健福祉士。久留米大学大学院比較文化研究科博士前期課程修了（修士：保健福祉学）。大牟田市社会福祉協議会・ソーシャルワーカーを経て、現職。

西野 勇人（にしの　はやと）
東日本国際大学健康福祉学部特任講師。立命館大学政策科学部卒業、立命館大学大学院社会学研究科博士後期課程単位取得退学（修士：社会学）。日本学術振興会特別研究員（DC2）などを経て、現職。

スモールステップで学ぶソーシャルワーク実習

——テキスト & ワークブック——

2022年3月1日　初版第1刷発行

編　者　篠原拓也，松本喜一

著　者　篠原拓也，松本喜一，大橋雅啓，芳賀恭司，前田佳宏，西野勇人

発行者　石 澤 雄 司

発行所　株式会社 **星　和　書　店**

〒168-0074 東京都杉並区上高井戸1-2-5

電話　03（3329）0031（営業部）／03（3329）0033（編集部）

FAX　03（5374）7186（営業部）／03（5374）7185（編集部）

http://www.seiwa-pb.co.jp

印刷・製本　中央精版印刷株式会社

ISBN978-4-7911-1092-6